PAOLO RISSO

LA MIA VITA
NEL TUO CUORE

*La Beata Maria di Gesù Deluil-Martiny
Fondatrice delle Figlie del Cuore di Gesù*

EDIZIONI DEHONIANE ROMA

© Edizioni Dehoniane, 1996
Via Casale S. Pio V, 20 - 00165 Roma
Tel. 06/663.88.69 - Fax 06/662.83.26

ISBN 88-396-0663-7

LA MIA VITA NEL TUO CUORE

Il Catechismo della Chiesa Cattolica esordisce con questo titolo: «L'uomo "capace" di Dio». Ne sono una conferma i santi e le sante che nel cuore hanno coltivato una certezza: «Dònati al Signore e sarai dono di Dio» (S. Agostino).

Madre Maria di Gesù, qualche anno fa, da sua Santità Giovanni Paolo II, è stata elevata agli onori degli altari perché: «Ha capito in profondità l'offerta che il Cristo fa di se stesso al Padre per la salvezza del mondo» (Giovanni Paolo II).

È stata, la sua, un'intuizione del cuore, che spesso dà ragioni alla ragione, quando è illuminato dalla fede. Una decisione "imparata" davanti a Gesù Eucaristia, "ricevuta" nelle ore di adorazione dense di intimità e di consegna. Nel colloquio adorante "cor ad cor" celebrava un desiderio crescente: «Chiudimi, Signore, nel Tuo cuore».

Il grazie per il dono della redenzione operata da Cristo la portava a «scoprire la grandezza del dono di sé che Gesù faceva al Padre per salvare gli uomini, le ricchezze di amore che si sprigionavano dal suo cuore, la fecondità del sangue e dell'acqua che fluivano dal costato aperto» (Giovanni Paolo II).

«Ho una passione per Gesù... La sua vita in me; la mia vita in Lui». Ecco perché «quando fondò le Figlie del Cuore di Gesù, mise al centro della vita religiosa l'adorazione eucaristica».

Questa biografia, parla della Beata Maria di Gesù, attingendo a piene mani dai suoi scritti densi di spiritualità e di comprensione: leggere queste pagine è ritrovarsi con una profonda e riconoscente nostalgia a celebrare la fedeltà e la gratuità dell'amore di Dio che nel mistero dell'Eucaristia raggiungono la pienezza. Donarsi a Lui in adorazione è alimentare in noi «i sentimenti che furono di Cristo Gesù»: fattosi, nell'obbedire, dono di redenzione al Padre è, e resta per noi, dono di Dio Padre.

Card. **Marco Cè**
Patriarca di Venezia

1

«... O SPIAGGIA DESOLATA...»

Una bambina sulle barricate

Marsiglia, antica città di Francia, con il suo porto sul Mediterraneo, grande già al tempo dei Romani, con il nome di Massilia... Circondata dalla bella corona di rocce e di fortificazioni che la proteggono, il porto fatto quasi foresta di antenne, baciata o schiaffeggiata dalle onde del mare che si infrangono ai suoi piedi, carica di ricordi cristiani di S. Lazzaro, di S. Marta, di S. Maria Maddalena: una città tranquilla nelle sue vie e nei suoi viali.

Così appare allo sguardo vivace di una bambina, Maria di sette anni, nel 1848... Ma quell'anno, l'Europa, a cominciar proprio da Parigi, sembra buttare tutto all'aria. Il 23-24 febbraio, in un clima che è andato via via riscaldandosi, repubblicani, socialisti e tanti lavoratori sono scesi in piazza. Il re Luigi Filippo abdica. Il 25 febbraio, un governo provvisorio proclama la repubblica, in cui, per il momento, prevalgono i socialisti.

Alle «fabbriche nazionali» accorrono numerosi operai e si parla di nazionalizzazione. Si diffondono i clubs socialisti, leghe e cooperative operaie. Si fa di nuovo sentire l'odio contro la Chiesa. Alle elezioni del 23 aprile 1848, vincono uomini dell'alta borghesia, i quali pensano a ristabilire l'ordine. Segue un forte, violento scontro di classe: dal 23 al 26 giugno, migliaia di insorti costruiscono barricate per Parigi e combattono le truppe governative capeggiate dal generale Cavaignac.

Anche a Marsiglia, nei tranquilli viali di Meilhan si costruiscono barricate, dietro le quali gli insorti, appostati con fucili, aspettano di essere attaccati. Il clima si fa rovente ed è meglio stare in casa, al sicuro[1].

Maria, dell'illustre famiglia Deluil-Martiny, da qualche giorno scalpita perché non può uscire per la solita passeggiata. Ne è proprio irritata. Ma, ecco: l'uscio è aperto e nessuno la vede. Un bel respiro di sollievo e... esce, correndo, senza dirlo ad alcuno. Pochi passi e vede cose nuove, mai viste: le barricate per il viale. Vi si dirige subito, curiosissima e divertita. Salta i primi ostacoli e comincia la scalata a una di esse.

Dappertutto ci sono fucili spianati, facce dure. Maria, per nulla impaurita, vuol scoprire chi sono e perché... Tutti la guardano, nessuno spara, qualcuno sorride. Dall'alto, ella sembra dominarli tutti. Pochi attimi in cui l'innocenza finalmente pare aver conquistato il mondo.

Poi, uno degli insorti le si avvicina e sorridendo la prende per mano, l'aiuta a scendere e la consegna ad un amico di famiglia di passaggio che l'ha riconosciuta. Maria è ricondotta a casa e, per quei giorni, custodita «a vista», più del solito, perché non scappi un'altra volta sulle barricate.

---

1. L. Laplace, *La Madre Maria di Gesù*, Tip. S. Giuseppe, Milano, 1925, p. 4.

Figlia di gente illustre

Suo padre, monsieur Paul Deluil-Martiny, è un famoso avvocato del foro di Marsiglia, stimatissimo per intelligenza, pratica della sua professione e soprattutto per rettitudine e fede vissuta in ogni sua azione, per le opere generose di carità in cui profonde tempo e denaro. È assessore municipale di Marsiglia e amministratore degli «Ospizi di carità». Dunque, una gran persona seria.

Dal 14 gennaio 1840, è felicemente sposato con Anaïde Marie Françoise de Solliers, proveniente dalla Provenza, di famiglia nobile e ricca di beni, una «dame» tutta tenerezza, bontà e carità cristiana, oltre che intelligenza e doti varie.

Figlia di codesti *parents*, Maria - quella che settenne saliva sulle barricate - è nata il 28 maggio 1841, a Marsiglia, venerdì prima della Pentecoste, verso le tre pomeridiane (l'ora nona della morte di Gesù) ed è stata battezzata l'indomani, sabato, nella chiesa di S. Vincenzo de' Paoli. Otto mesi prima della nascita, era stata già affidata alla Madonna delle Grazie.

Si è subito rivelata vivace, curiosa, birichina. A un anno, collocata un momento su un grande letto, era rotolata sul pavimento, con un tonfo sonoro. A chi era accorso per soccorrerla, la piccola aveva risposto ridendo e facendo la folle, sana e salva. Crescendo, si è dimostrata impetuosa ed ha accolto, più o meno divertita, l'arrivo del fratello Giulio e delle tre sorelle... Difficile trattenerla nei limiti convenzionali, nel gioco, nelle iniziative, nell'apprendere, così come è precoce in tutto.

Non si scoraggia la mamma, dal guidarla, dall'indirizzarla: se è torrente, non deve straripare, ma scorrere al suo posto, fluente e rigoglioso. *Madame* Anaïde le narra di Gesù - il Bambino di Betlemme, il Maestro della Galilea, il Crocifisso del Calvario, il Risorto, in una parola «l'Amore» - e Maria ne è avvinta.

A otto anni, ha già imparato il latino, studiando insieme al fratello, e ha una intelligenza e una memoria sorprendenti. Nulla la intimidisce, nulla le fa paura. I primi corsi di studio li compie in casa, ma avvicinandosi il giorno della Prima Comunione, i genitori l'affidano alle monache della «Visitazione» di Marsiglia, le quali hanno qualche problema davanti alla nuova arrivata, così fuori dalle regole.

Le altre bambine, vedendola entrare in classe, l'accolgono con tutta la *politesse* che era stata loro insegnata, fatta di parole dolci e graziose. Maria, senza indugio, risponde salendo su un banco e arringando le compagne, disinvolta e spigliata come un'attrice. Le religiose trattengono il respiro, ma prestissimo, anzi subito, si accorgono che questa *demoiselle* figlia dell'avvocato Deluil-Martiny, è limpida e generosa, ha il cuore caldo di una ragazza capace di innamorarsi.

Le domandano: «Savez-vous... Tu sai, nevvero, la storia della venerabile Anna Maddalena Remusat?» Maria ne ha sentito parlare qualche volta dalla mamma, ma ora si accorge che tutto il monastero profuma ancora della presenza della sua lontana pro-zia. Ed ascolta, dalle monache tutti i particolari di quella storia d'amore intessuta con Cristo.

Era, suor Anna Maddalena Remusat, la sorella della bisnonna della sua mamma, ed era stata monaca silenziosa e nascosta, all'inizio del Settecento, proprio lì, alla Visitazione di Marsiglia. Gesù le aveva dato l'incarico di continuare l'opera della sua consorella maggiore di Paray-le-Monial, S. Margherita Maria Alacoque (1647-1690) cioè di diffondere il culto, l'affezione, l'unità al suo Cuore divino.

La giovane Maria ascolta, quasi beve, assorbe.

E così, Anna Maddalena, che voleva essere nascosta, ignota al mondo, non solo pregò, ma parlò, scrisse, muovendo altri a questo nobile fine... Mobilitò Monsignor Belzunce, Vescovo di Marsiglia a stabilire nel 1720 la festa del S. Cuore e a consacrare a Lui la città e la diocesi. Un gran numero di Vescovi seguirono il suo esempio...

«Un vero trionfo di Gesù» - commenta la giovanissima Maria Deluil-Martiny.

«Ma tante prove, per suor Anna Maddalena - le spiegano le monache - Gesù le aveva detto, quand'era appena dodicenne: *Io ti ho scelta per mia vittima*».

Maria si fa pensosa. Il rapporto con Gesù diventa più intenso, forse con una segreta domanda: «*Che cosa vuoi da me, Signore?*».

«Un giorno, sarà...»

Si prepara alla Prima Comunione. Allegra, vivace, pensando a Gesù che sta per venire, Maria - che è la prima della classe - si fa umile, gentile, così che quando riceve gli elogi delle insegnanti, nessuna compagna ne è gelosa. Il suo buon umore, la sua gioia sono inalterabili. Solo Gesù può trasformare così la «ragazzina delle barricate».

Al sopraggiungere del giorno tanto atteso, si ammala e si deve rimandare, mentre le compagne si accostano all'altare. Poi guarisce e finalmente il 22 dicembre 1853, Maria, 12 anni, riceve per la prima volta Gesù, Pane di vita, in una gioia calma e profonda. Qualcuno dei presenti commenta: «Ma questa sembra una festa di vestizione!».

Il 29 gennaio 1854, Maria riceve - da sola - la Cresima, dalle mani di Monsignor De Mazenod[2], Vescovo di Marsi-

---

2. *Eugenio De Mazenod* (1782-1861), nato a Aix-en-Provence, sacerdote e fondatore nel 1826 degli Oblati di Maria Immacolata, con missioni in tutte le parti del mondo, specialmente in Canada. Arcivescovo di Marsiglia e grande apostolo dell'evangelizzazione, è stato beatificato da Papa Paolo VI il 19 ottobre 1975, canonizzato da Giovanni Paolo II il 3 dicembre 1995. È il primo santo, con il quale Maria Deluil-Martiny venne a contatto e che «vide» il suo futuro di santità.

glia e amico di famiglia. Al termine della celebrazione, la fa chiamare, le parla e la benedice. Non è la prima volta che lo fa, anzi... Tutte le volte che veniva al monastero della Visitazione, Monsignore voleva vederla e parlarle.

Le monache, affinché non avesse ad inorgoglirsi di tanta preferenza, erano solite narrare al Prelato, in sua presenza, gli scherzi, le marachelle che combinava, sperando nelle vescovili rampogne alla ragazza. Imperterrito, come se nulla fosse, Monsignore reverendissimo rispondeva: «*Non inquietatevi, mie buone sorelle, ciò è frutto d'infanzia! Vedrete, vedrete che un giorno sarà la Santa Maria di Marsiglia!*».

Le visitandine venerande tacevano perplesse. Qualcuna scuoteva la testa e i veli ondeggianti esprimevano dubbio profondo, non più assenso reverenziale al buon Prelato.

Un giorno, però, qualche tempo dopo la Cresima di Maria, scoprono un'altra «impresa» delle sue, ma un pò diversa, che le lascia ancora più sospese di fiato e di cervello. Ma è meglio lasciar raccontare alla protagonista:

«*Avevo formato come un ordine religioso in miniatura, con regole, noviziato e professione: contavo allora 14 o 15 anni. Per qualche tempo la cosa andò benissimo con alcune compagne, ma fummo scoperte e costrette a rientrare nella via comune. Cosa notevole si è che io avevo chiamato le mie religiose con il nome Oblate di Maria e l'atto di professione, senza voti, ben inteso, era detto Oblazione*».

Così la «fondatrice» quattordicenne ha dovuto riprendere la via comune.

Ma c'è ormai, in lei, da quando può accostarsi all'altare a ricevere il Pane di vita, qualcosa di non comune: La passione, l'amore sempre più grande per il Signore Gesù, vivo nell'Eucarestia, offerto al Padre e dato in cibo agli uomini.

Ancora bambina, la mamma l'aveva cresciuta, con lo sguardo a Lui, al suo Cuore dall'amore infinito. Per mano alla mamma, era salita spesso al Santuario di Notre Dame de la Garde, che domina la città e il porto di Marsiglia: lassù la Madonna le parlava dentro penetrandole l'anima...

Nei giorni attorno alla Prima Comunione, commossa e felice fino alle lacrime, perché il Sacrificio di Gesù sul Calvario è continuamente reso presente nella S. Messa, interrompe il gioco e dice a un'amica: «*Pensa, Angelica, il Sangue di Gesù scende in questo momento sull'altare per la salvezza del mondo*».

È il fatto unico al mondo - il capolavoro di Dio - Gesù immolato sul Calvario e sull'altare, donato agli uomini, che la scuote e la innamora sempre di più, fino a diventare TUTTO per lei. Non sa ancora chiaramente come potrà avvenire, ma intravvede che a Lui solo ella donerà tutta la vita.

A quindici anni, Maria termina in modo brillante i suoi primi studi. È proprio *une belle jeune-fille* - una bella ragazza - gentile, colta più che non si addica alla sua età, con l'anima trapassata da una Luce e un Amore, da una Presenza che la farà diversa da tutte e la porrà in alto, sul candelabro, a far luce.

«Troverai un Cuore...»

Nel 1856, quindicenne, ritorna in famiglia. La mamma vorrebbe che l'aiutasse nell'educazione delle tre sorelline: Amelia, Clementina e Margherita. I genitori affidano l'educazione di Amelia, di salute delicata, alle Religiose del Sacro Cuore di Gesù, nel Collegio della Ferrandière a Lione.

Quell'anno, monsieur Deluil-Martiny e consorte devono recarsi a Parigi e nel frattempo lasciano Maria per alcuni giorni con Amelia, alla Ferrandière di Lione, anche per farle compagnia e abituarla alla nuova vita. Quando i genitori, di ritorno dalla capitale, passano a riprenderla, Maria chiede loro di rimanere in collegio con la sorella per completare i suoi studi. I pochi giorni là trascorsi sono bastati a quelle Suore per rendersi conto di quale ragazza ella sia.

Dunque, Maria resta alla Ferrandière e intraprende un corso di studi superiori.

Subito si distingue in mezzo a tutte per l'intelligenza straordinaria e la bellezza - vera grazia - che emana da lei, dal suo aspetto e dal suo intimo. Basta vederla, per amarla. Diventa la leader, colei alla quale tutte guardano, «l'anima» di ogni incontro, di ogni festa, quasi il centro della gioia comune dell'istituto.

Che cos'ha - si domandano in molte - questa marsigliese da attrarre tanto così? Cominciano a comprenderla, quando l'osservano in preghiera durante la S. Messa, con lo sguardo rapito sull'Ostia e il Calice alzati, nel raccoglimento naturalissimo e estatico in cui si chiude quando riceve Gesù eucaristico, come a farsi davvero «uno con Lui», in un reciproco assorbimento di amore...

La poesia sgorga luminosa ed elegante dal suo cuore e dalla sua mano ed è un vero regalo per tutte ascoltarla quando legge i suoi componimenti in versi. Eppure, Maria, da qualche tempo, soffre intensamente, dentro di sé. Gesù - che è il Crocifisso risorto - l'ha già associata alla sua offerta sul Calvario, intessuta di amore e di dolore. È cominciata, già per lei, una lunga prova interiore.

Un giorno di festa, in cui nel collegio si premiano le alunne migliori - ella è tra queste, la prima - Maria legge una sua poesia che sembra il canto dell'esule, in terra lontana dalla patria:

«Deserto della vita, o spiaggia desolata,
arido suolo e caldo, senza verdura e fiore,
soggiorno nero e triste, o deserta vallata,
in cui l'uomo costretto cammina nel dolore!
Deserto! E chi saprà dir tutta la sua pena?

Nell'esistenza che le appare come una spiaggia desolata, un soggiorno oscuro, ella sente però nella fede, l'invito della Madre Celeste a scoprire la Presenza divina:

«Fanciulla, ecco la Croce! ... Sali con allegrezza ...
... ...
Sali! Tu troverai, oh, scoperta sublime!
Troverai un Cuore, ed è il Cuore di un Dio!
Là ognuno può entrare ... La porta è aperta:
che tutti qui vengano! La pace regna in questo luogo».

Maria non ha ancora 17 anni e «sale». Il suo sarà un cammino di amore e di pianto. Ma c'è Lui, Gesù, con il suo Cuore innamorato, «impazzito» d'amore. C'è l'Ostia e il Calice: la sua adorabile Presenza. Dunque, c'è, la Gioia: all'infinito.

2

«CHIUDIMI NEL TUO CUORE»

Un giorno di ritiro

Alla Ferrandière di Lione, Maria rimane due anni. Studia e circonda la sorella Amelia di affetto materno. Acquista cultura e intensa mentalità di fede, un cuore di innamorata verso Gesù. Ama ed è riamata, serena e intimamente sofferente.

Quando ha 17 anni, è chiamata a rientrare in famiglia, per le necessità dei suoi. Prima di partire, fa un ritiro sotto la guida del Gesuita P. Bouchaud e medita le pagine ardenti di S. Ignazio e di S. Teresa d'Avila. La luce di Dio discende a grandi ondate sulla sua anima. Maria si orienta decisamente verso l'offerta totale di sé a Dio.

Come i pescatori del lago di Tiberiade, affascinati da Cristo, lo seguirono - lasciando tutto, senza sapere dove Egli li avrebbe portati, solo fidandosi di Lui - così Maria ha già detto il suo *sì* a Colui che unicamente ama:

«Il più nobile uso della libertà - scrive in quei giorni - *è l'intero sacrificio che se ne fa a Dio: la libertà non è che un mezzo per rendere maggior gloria a Dio, affidandosi*

volentieri a Lui. Noi non possiamo usare della libertà che per sottometterla a qualcosa. Preferiremo noi una creatura o un desiderio del nostro cuore, al nostro Dio o Maestro?».

«Le più intime, le più sacre affezioni umane non possono legittimare la più piccola resistenza al volere di Dio. Obbedire a Dio è il più essenziale e il primo dei nostri doveri».

Dio è Dio e la creatura non può che obbedire a Lui, adorarlo, riconoscere la sua onnipotenza divina e il proprio nulla. Ma Dio è pure l'Amore che attira, conquista, avvince per sempre: è impossibile resistere a Lui quando ci si sente amati, perché da Lui, che é l'Amore, sgorga libertà e gioia senza confini.

Nell'età dell'amore, Maria è davvero innamorata: *«E chi potrei io amare? Gesù Cristo è il solo essere amabile... La via che Egli mi indica conduce al Cielo; il resto è tutta vanità... In punto di morte, vorrei aver amato Lui solo».*

«Gesù Cristo è tutto: la vera ricchezza è la povertà; il vero onore è l'abiezione; la più perfetta libertà è l'obbedienza! "Vieni e seguimi" Dio mio, che bella parola! E sarà per me, se io lo voglio! Io vi troverò la pace, la felicità, il coraggio, la salvezza!».

È giovane, Maria, ma sa già che seguire Gesù Cristo significa porre i piedi sulle sue orme insanguinate che conducono al Calvario. Chi ama, soffre per l'amato. Chi ama Cristo, trova la sua Croce... e la sua risurrezione, che è gioia all'infinito.

Quel giorno - 12 maggio 1858 - in cui conclude il ritiro alla Ferrandière con queste note, Maria aggiunge ancora: *«Lotta e dolore nella lotta, morte all'amor proprio, alla volontà propria, al giudizio personale, sacrificio del cuore, spezzamento dei legami più cari... che cos'è tutto questo in confronto dell'eternità? Che cosa, in confronto al tuo infinito Amore, che ha inseguito la mia anima? Sì, mio Dio, io credo, io credo! Che io soffra, ma che io mi salvi! Voglio darti quanto potrò darti, seguirti da vicino quanto più mi sarà possibile... Voglio quanto Tu vuoi. E dove me ne andrò? Il passero trova la sua dimora; per me, mio Dio, il tuo Cuore, il tuo Cuore».*

È ormai la decisione totale per Gesù. Toccherà a Lui realizzarla e pure alla giovane Maria.

Quella volta ad Ars...

Nella Francia del «secondo Impero», un uomo macerato dalla preghiera e dal lavoro per Cristo, sta consumando la vita, in una povera sperduta parrocchia, a pochi chilometri a nord-est di Lione. Nella sua umile chiesa di campagna, da anni e anni, giungono le folle dalla Francia e dall'Europa ad ascoltarlo, a cercare il perdono di Dio, a trovare speranza.

La parrocchia è Ars. L'uomo è il suo santo Curato, don Jean-Marie Vianney[1].

Maria, prima di tornare a Marsiglia dai suoi, si reca ad Ars per confessarsi da Lui. Vi passa due giorni, pregando, partecipando alla sua Messa, commossa di trovarsi vicino a quel prete straordinario, in mezzo a tanta gente che lo cerca.

---

1. *Jean-Marie Vianney* (1786-1859), nato presso Lione, dopo aver superato molte difficoltà, poté essere ordinato sacerdote e fece rifiorire mirabilmente la parrocchia di Ars, nella diocesi di Belley, con l'efficace predicazione, con la penitenza, la preghiera, l'affidamento continuo alla Madonna, l'assiduità al ministero del confessionale e della direzione spirituale. Da ogni parte accorrevano a lui credenti e non-credenti in cerca di luce, conversione, conforto. Canonizzato dalla Chiesa, noto a tutti come «il santo Curato d'Ars», è il patrono dei parroci e dei sacerdoti in cura d'anime.

Non riesce ad accostarsi al suo confessionale, per la ressa continua. Prima di partire, piuttosto dispiaciuta, si inginocchia presso l'altare per un'ultima preghiera. Ma ecco, il Curato si inginocchia a pochi passi da lei. Maria gli si avvicina: *«Padre - gli dice - avrei desiderato consultarla intorno alla mia vocazione».*

Don Jean-Marie la guarda, penetrante: *«La sua vocazione, figlia mia - risponde - quanti Veni Sancte Spiritus dovrà recitare, prima di conoscerla!».* E la invita al suo confessionale. Solo Dio sa ciò che avvenne in quell'incontro, tra due santi. Forse il Curato l'ha incoraggiata ad attendere l'ora di Dio e, intanto, a farsi santa negli umili doveri quotidiani.

Non parla a nessuno, Maria, del colloquio con il grande Uomo di Dio, e ritorna in famiglia. È l'inizio di un «lungo martirio», per lei, nel cuore e nella coscienza, anche se nella sua casa, in quel momento, tutto sembra procedere al meglio.

L'avvocato Deluil-Martiny, suo padre, è ormai un affermatissimo professionista. I suoi figli crescono studiosi e buoni: Giulio e Amelia in collegio, Clemenza e Margherita, in casa, ora seguiti, oltre che dalla mamma, anche da Maria diciasettenne. Un clima di bontà e di gioia.

Ma presto la mamma, - la cui salute era già stata scossa per la nascita dell'ultima figlia - si fa più fragile ed è costretta al riposo, ogni giorno, più a lungo. Maria diventa il suo «angelo» ed insieme, «la seconda mamma», per le sorelline cui si preoccupa di dare un pò di gioia.

In casa, c'è pure la nonna paterna da assistere: è cieca e la mente caduta nell'oscurità. Maria moltiplica le sue energie e si occupa con premura anche di lei. Di tanto in tanto, la mente della nonna sembra svegliarsi per «ascoltare» un suono misterioso e le dice: *«Io odo suonare le campane del convento della mia nipotina Maria».*

È una profezia, - un segno - ma quanto ancora lontano ad avverarsi! Tutti si stringono attorno a Maria, diventata quasi il centro della famiglia, necessaria e indispensabile a tutti.

La sorella, Clemenza, la prediletta di Maria, dieci anni di età, ma che ne dimostra quindici, occhi azzurri e ciglie nere, all'inizio del 1859, si ammala gravemente, per uno scompenso cardiaco. Né le medicine né l'aria di campagna di S. Giniez riescono a ridarle la salute.

Maria vuole che la bambina riceva la prima Comunione e la Cresima: la prepara. Mons. De Mazenod, Arcivescovo di Marsiglia, sale a S. Giniez, a portare a Clemenza morente Gesù eucaristico e il suo Santo Spirito. Il 24 luglio 1859, la bambina muore. Il primo lutto, in una famiglia felice. Ne soffre tremendamente, Maria, e vuole essere lei stessa a vegliarne la salma, in preghiera.

Sposa?

Ora a casa Deluil-Martiny, si comincia a morire. A breve distanza l'una dall'altra, se ne vanno le nonne paterna e materna. Maria diventa dolce presenza di consolazione e di pace per i suoi genitori provati e dolenti. Poco dopo, il fratello Giulio si trova a condurre saltuariamente gli studi che gli sono interrotti spesso dalla malatia. Margherita, la più piccola, è mandata a studiare ad Avignone, dove ora c'è pure Amelia. Nella casa grande e sempre più vuota, rimane Maria, sola a prendersi cura della madre delicata di salute, con tenerezza e coraggio.

Cerca luce e coraggio nella preghiera intensa e profonda. Sa che non è mai sola: c'è Gesù, l'unico suo Amato, che la conduce per mano. Va ogni giorno a colloquiare con

Lui, davanti al Tabernacolo. La sua giovinezza le sembra diventata un esilio, ma la Messa è la sua forza.

Ha vent'anni ora, *mademoiselle,* ed è davvero bella e graziosa. Alta, dignitosa, i lineamenti nobili nella persona; gli occhi spesso velati di un ombra di malinconia, diventano luminosi, quando parla, vivace e brillante. Da lei emana un fascino particolare - la purezza che discende solo da Dio - che le attira gli sguardi dei numerosi amici che frequentano la sua famiglia.

I genitori le dicono: «Desideriamo che ti sposi, Maria... Vogliamo che tu sia felice». Maria devia il discorso. Le mostrano questo o quel giovane bello, buono, ricco. Maria non accetta. Un giorno, le si presenta un giovane retto e limpido come un angelo... I genitori di Maria insistono con affetto e premura in suo favore, in modo così forte che ella non sa più cosa rispondere... Risponde solo con il suo sguardo fisso *altrove* in un Volto che ella solo vede e contempla come l'Amore, l'Unico Amore. Esce dalla sala, corre ai piedi della «sua» Madonna e la prega di venire Lei in suo aiuto.

La signora Deluil-Martiny s'illude di aver vinto e già si preoccupa del corredo. Due giorni dopo, Maria dichiara apertamente ai suoi: «*Non intendo sposarmi. La mia felicità sta nel procurare la vostra felicità... Non voglio altro*».

Per il momento, non rivela loro il suo progetto di consacrazione a Dio, per non contristarli di più. Ma è certissima che Dio la chiama «*per nome*» e che vuole appartenere a Lui solo. Non sa ancora quando le sarà possibile, ma è sicura che lo farà.

Ad un'amica, scrive, quasi con tono sbarazzino: «*Ho cominciato ad uscire da sola: ecco una piccola protesta in favore di Nostro Signore. contro tutti i possibili pretendenti*».

Non vorrà alcuno vicino a sé, Maria. Nessuno potrà insinuare, anche solo di sfuggita, che è di questo o di quello o che ha paura a farsi vedere sola. Ha già un meraviglioso «Compagno», Gesù, per il presente e per l'avvenire. *Con Lui non manca di nulla. Di Lui ci si può fidare. Su di Lui si può contare.*

Sì, un giorno, sarà sposa, ma sposa di Gesù solo. Ed ora è già la sua «Fidanzata».

In agonia

Da qualche tempo, la sua vita è segnata dalla croce. La sua anima sta passando attraverso «*la notte*», una via dolorosa che creder non può chi non la prova. La maggior sofferenza per chi ama Dio è quella di averlo offeso o di ritenere di averlo offeso e di vivere lontano da Lui.

Maria è una giovane donna dalla fedeltà a tutta prova, eppure dentro la sua anima Dio ha permesso che penetrasse il dubbio di averlo offeso, lo scrupolo di essere in peccato, la confusione di chi non vede più la luce, quasi un cielo oscurato da nubi dense solcate da lampi e tuoni d'inferno.

È una prova difficile, che può schiantare il cammino verso Dio, se viene a mancare la fede in Lui, se non c'è una guida che indichi la via d'uscita, se invade lo scoraggiamento di «non farcela più». Maria, in questo tempo della prova, è sola, non ha guida - un direttore spirituale illuminato e comprensivo - che la sciolga dall'imbroglio in cui è impigliata. E vive come in agonia.

Solo Gesù, il Vivente, può guarire i mali del corpo e dello spirito, Lui che è medico e medicina. Ma occorre avvicinarsi a Lui, senza paura, nella Confessione e nell'Eucarestia, nei Sacramenti dove la sua virtù divina che sana tutti (Lc, 6, 19), si fa sentire con potenza. Ma Maria non si avvicina più a Gesù eucaristico, timorosa di profanarlo con le sue colpe. Va ogni giorno in chiesa a pregare e partecipa alla Messa, ma non si sente di ricevere - spesso, come ha bisogno - Lui, Pane di vita e di gioia.

Sta lontana, come se avesse peccato, come chi sente addosso la maledizione del peccato e invoca luce e liberazione.

Rischia la disperazione, ma non dispera. Si aggrappa a Lui, adora Dio e accetta con il volto sereno. Ella sola sa che soffre, gli altri vedono il suo sguardo calmo, dolce. Non smette di lavorare per Gesù: «*Non potendo io amare il Signore* - dirà anni dopo - *mi adoperavo con ogni sforzo affinché fosse conosciuto e amato dagli altri*».

A lungo, il suo cammino è così doloroso. Gesù l'ha davvero presa in parola, così come ella aveva pregato, quel giorno di ritiro, il 12 maggio 1858, alla «Ferrandière» di Lione: «*Lotta e dolore nella lotta, morte all'orgoglio! O Maestro, Tu sarai sempre il mio Maestro! Fá di me quel che ti piacerà, ma ti supplico che Tu mi chiuda nel tuo Cuore e di farmi soffrire qualcosa per la tua gloria e per tuo puro amore.*

In quella prova dolorosa, Dio la prepara già ad essere sua in modo unico e straordinario. È il martirio del cuore, primo preludio al dono supremo, sulla croce, insieme a Gesù.

Attesa...

Nonostante tutto, continua a essere la figlia premurosa di mamma e papà, l'infermiera attenta e delicata della mamma sofferente, la sorella maggiore di Margherita che studia ad Avignone, alla quale manda lettere vivaci e allegre, anche se il suo cuore ha voglia di piangere... Margherita le confida le sue difficoltà. Maria la invita ad andare con fiducia al Cuore di Cristo.

Non le importa di soffrire: basta che gli altri siano felici.

Intanto la sorella Amelia è rientrata in famiglia e condivide con Maria la stessa affezione a Gesù eucaristico, lo zelo di amarlo e di farlo amare, il desiderio di unirsi entrambe al suo Sacrificio sul Calvario e su ogni altare della terra. Sono due sorelle innamorate dell'Unico, animate dal medesimo slancio:

«L'anima mia non ha altro pensiero che di essere offerta di continuo sull'altare; il sangue dei nostri cuori deve imporporare l'Altare e mescolarsi a quello di Gesù, nel calice del sacerdote. Quando avremo sparso così l'ultima goccia del nostro sangue, allora soltanto potremo andare in Cielo a offrire nella gloria il calice del Sangue di Cristo».

Nella società di Marsiglia, Maria prende il posto della mamma, in tutte le iniziative di carità, con coraggio, con ardore, in prima fila. A tutti dà l'impressione di essere nella gioia piena, anche quando le tenebre continuano ad avvolgere la sua anima. Non viene mai meno la sua fedeltà, irremovibile, come la roccia, a Dio, che, prediligendola, la prova.

Vive, nel mondo, chiusa nel Cuore di Cristo, così come gli ha chiesto e lo invoca ogni giorno: *«Ti supplico di chiudermi nel tuo Cuore, o Maestro...».* Domani, sperimentata nelle sue vie, purificata dal dolore e dall'amore, sarebbe diventata una meravigliosa guida per numerose sorelle, per tanti fratelli, nella scalata al Cielo di Dio.

3

«RIUNIAMOCI ATTORNO A LUI»

Un secolo contro Cristo

È un tempo terribile quello in cui vive Maria. Da circa cento anni, da quando l'illuminismo e la rivoluzione francese hanno posto l'uomo proclamatosi dio, al posto del Dio vivo e vero, dilaga per opera di rivoluzionari, politici, pubblicisti, intellettuali di ogni genere il progetto di scristianizzare l'Europa, di impedire a Cristo la sua irruzione di luce e di amore nel mondo.

Una società segreta, ma ben nota a molti, lavora a questo piano: la massoneria. Un Dio vago e lontano che si perde nei cieli, forse, si può anche accettare - sostengono quelli - ma Cristo e la sua Chiesa devono essere cancellati dalla storia. I «valori umani» della «buona educazione», vanno bene per tutti, ma Gesù Cristo, morto sulla croce e risorto, Signore della storia e dell'universo?

Beh, parliamone un'altra volta. Anzi, non parliamone: è meglio che non regni più, perché il mondo è nostro!

Ed è così che l'800 è, in gran parte, un secolo contro Cristo. Ma è pur vero che anche nell'800, non viene meno, anzi risplende in un modo singolare, la promessa di Gesù, il Vincitore della morte, il Vivente: «*Ecco, io sono con voi, tutti i giorni, sino alla fine del mondo*» (Mt, 28, 20).

Il Pontefice romano e i Vescovi uniti con lui, i sacerdoti e i cattolici migliori, ben conoscono i progetti di coloro che odiano Cristo e la Chiesa, e lavorano in prima linea, con tutti i mezzi a disposizione per riannunciare Gesù e radicarlo nelle anime e nella società: non solo i valori umani, che non hanno mai fatto innamorare alcuno né possono salvare alcunché, ma Gesù Cristo, la sua presenza, la sua Persona, unico Salvatore.

È una sfida che continua ancora oggi...

Ne scaturisce un'opera gigantesca di evangelizzazione e di servizio all'uomo, un'opera che nessuno può ignorare.

Il 16 giugno 1846 - quando Maria Deluil-Martiny ha solo 5 anni - viene eletto alla Cattedra di Pietro, il Cardinale Gian-Maria Mastai Ferretti: *Papa Pio IX*. Ed è subito dramma per questo grandissimo Pontefice: attorno alla sua figura angelica, appare lo scontro tra il mondo della negazione e il Dio di Gesù Cristo.

Da una parte Lui, il Vicario di Dio, che con ogni atto, dagli incontri con gli umili, che avvicina come un buon parroco, alle definizioni dogmatiche dell'Immacolata Concezione di Maria (8 dicembre 1854) e dell'infallibilità pontificia (18 luglio 1870), dalla carità sconfinata verso i poveri agli interventi autorevolissimi come l'enciclica *Quanta cura* e il *Sillabo* (8 dicembre 1864), dalla promozione del laicato cattolico alla convocazione del Concilio Vaticano I (1869-1870), afferma, come Verità assoluta, il primato di Gesù Cristo in tutte le realtà: Lui, unico Maestro, unico Salvatore, unica Vita, che l'uomo deve accogliere in obbedienza a Dio stesso, per la sua salvezza.

Dall'altra parte, l'opera di tutti coloro che vorrebbero «il Vecchio» del Vaticano tuttalpiù portatore dei buoni sentimenti e della «buona educazione», ma mai il Maestro infallibile della Verità Assoluta, il Primo Apostolo di Cristo, che ha la pretesa di essere per tutti, con mani e piedi forati e il Cuore squarciato dalla lancia (oh, incredibile follia!) l'Unica Via, l'unica Verità, l'unica Vita!

Mentre le potenze dell'inferno si scatenano sulla terra, contro la Chiesa, Papa Pio IX, proprio al centro del secolo XIX, questo secolo contro Cristo, il 23 agosto 1856, «*nell'intento di offrire ai fedeli nuovo impulso a rispondere all'amore di Gesù che ci ama e ci ha liberati dai nostri peccati con il suo sangue, ordina che si celebri in tutta la Chiesa l'Ufficio e la Messa del Sacratissimo Cuore di Gesù, il venerdì dopo l'ottava del Corpus Domini*».

Il 19 agosto 1864, lo stesso Papa Pio IX beatifica Margherita Alacoque, l'umile visitandina di Paray-le-Monial, che nel 1675, aveva ricevuto le mirabili rivelazioni del Cuore di Cristo. Ed è così che la devozione al Cuore del Salvatore, impersonata ormai dallo stesso Pontefice, rinnova la Chiesa e si diffonde nel mondo, attraverso innumerevoli manifestazioni di fede e di carità[1].

È come dire ai potenti e ai sapienti negatori del Cristianesimo: «*Non c'è altro Nome dato agli uomini sotto il cielo, nel quale possiamo essere salvati*» (At, 4, 12). «*Quello che abbiamo di più caro al mondo è Cristo e solo Lui!*» (W. Soloviev).

«La Guardia d'onore»

E così in un secolo anti-cristiano, dilaga il movimento forse il più vasto della Chiesa, quello dell'affezione al Cuore

---

1. H. D. Rops, *Storia della Chiesa,* vol. VI - Tomo I, Marietti, Torino, 1966, in particolare il capitolo, *Grandezza di Pio IX*.

di Gesù, che, da una parte vince e supera il giansenismo che con il suo rigore eccessivo allontanava gli uomini da Dio, e dall'altra richiama tutti, nella Chiesa e fuori della Chiesa, all'unico Centro, la Persona del Redentore, nel suo amore infinito che porta la salvezza all'umanità.

Avvengono prodigi nella Chiesa e nelle anime, una nuova fioritura di santità, da quella che sarà esaltata con la gloria degli altari dai Pontefici, a quella più nascosta di milioni di anime che si offrono a Gesù e al Padre, in adorazione ed espiazione per tutti. *Tutto questo lo può soltanto l'Amore.*

Maria Deluil-Martiny, nel 1864, si trova come «travolta» da questo movimento e ne diventa protagonista. Un giorno, durante una delle sue frequenti visite al monastero della Visitazione di Marsiglia, riceve un foglietto intitolato: «*Guardia d'onore del Sacro Cuore di Gesù: scopo dell'opera*», proveniente dal monastero della Visitazione di Bourg en Bresse.

Lo legge e scopre la nuova «associazione» appena nata con questo nome, che propone un impegno semplice e grande: scegliere un'ora della giornata per glorificare, amare, consolare il Cuore di Gesù, raccogliere in spirito il sangue e l'acqua sgorgati dal suo Costato trafitto e offrirli al Padre in riparazione dei peccati nostri e altrui, e per la salvezza dell'umanità. Quest'«ora» speciale di unità con Gesù avrebbe dovuto rendere ardente e santa tutta la giornata e irradiare sui fratelli «*grazia su grazia dalla pienezza di Lui*» (Gv, 1, 16).

Ne rimane entusiasta, Maria, 23 anni di età, e desiderosa di trovare la sua «via» per amare Gesù e farlo amare, perdutamente. Visto che l'associazione della «Guardia d'onore» era approvata da Mons. De Langalerie, Vescovo di Belley, Maria, nel febbraio 1864, scrive alla Visitazione di

Bourg, chiedendo di esservi iscritta e dicendo di voler impegnarsi a diffonderla.

La sua lettera è ricevuta dalla stessa fondatrice dell'associazione, suor Maria del Sacro Cuore (al secolo, Costanza Bernaud), una santa religiosa, che, dal nascondimento della clausura, mentre arde nella preghiera e nell'offerta di sé, vuol pure illuminare molti fratelli e sorelle e appassionarli a Lui.

Inizia uno scambio di corrispondenza tra le due. Alla «Visitazione» di Bourg, Maria Deluil-Martiny è subito conosciuta come la *petite Marie,* un angelo mandato dal cielo a diffondere «la Guardia d'onore». L'associazione fondata il 18 marzo 1863, era ancora poco più di un'idea, ed ella non si limita ad aspettare. Ne diventa la prima «*zelatrice*» e si impegna a preparare stampati, immagini, medaglie, per farla conoscere a molti, impiegandovi gran parte del suo denaro e le sue energie.

Nell'attesa di poter finalmente percorrere «la via» che Dio le aprirà nella consacrazione a Lui solo, compie questa missione nel mondo.

A Bourg, diranno: «*Suor Maria del S. Cuore non sarebbe riuscita dal suo monastero a trionfare delle difficoltà che, dal suo nascere, contrastarono la nuova Opera, e fin da allora la "petite Marie" si dedicò interamente alla Guardia d'onore*».

Sarà apostola laica vivace, carica di ascendente presso persone singole, famiglie, sacerdoti, e persino Vescovi. Dal suo cuore e dalle sue mani, scaturirà subito una straordinaria irradiazione di Cristo. Ne parla con molti, ma presto prende la penna e scrive, chiamando a raccolta più gente che può attorno a Gesù.

Un Vescovo a casa sua

Maria scrive a persone che pensa possano condividere il suo progetto, lettere di questo tono:

«Nei tristi tempi che corrono, in previsione di un avvenire che minaccia torbidi e dolori alla Chiesa nostra Madre, a me pare che si debba formare attorno al Cuore di Gesù, salvezza e speranza del mondo, un forte baluardo d'amore e di preghiera. Perciò io le propongo una santa unione... Già molte anime si raccolgono intorno al Sacratissimo Cuore di Gesù per consolarlo, con la loro affezione, della dimenticanza e dell'ingratitudine degli uomini, per impetrare sul mondo colpevole la divina misericordia e affrettare il suo trionfo sulle anime. Tale è lo scopo della "Guardia d'onore..."».

Come inizio, riesce a fondare la «Guardia d'onore» nella parrocchia di Saint-Giniez - dove la sua famiglia ha una casa di campagna - e per il primo incontro compone, con la sua vena poetica, canti densi di fede... Ora le si aprono orizzonti vasti e luminosi.

A Marsiglia, il 4 giugno 1864, si svolge la processione annuale in onore del Cuore di Gesù. L'indomani, 5 giugno, il Cardinale di Villecourt, insieme a numerosi Vescovi, davanti a una moltitudine di popolo, consacra la nuova Chiesa di Notre Dame de la Garde. Una festa stupenda.

C'è anche Maria in mezzo alla gente e pensa: *«Come sarebbe bello se potessi avvicinare tutti questi Vescovi e farmi promettere il loro aiuto per promuovere la Guardia d'onore al Cuore di Gesù! Quale trionfo per Lui!».*

In quei giorni, Mons. De Langalerie, Vescovo di Belley, la diocesi in cui era nata la «Guardia d'onore», è ospite presso la famiglia Deluil-Martiny. Maria gli chiede il suo interessamento e Monsignore gli promette di appoggiare la sua richiesta presso gli altri Vescovi. Nel medesimo tempo, don Luigi Guiol, già iscritto all'associazione, presenta Maria al Cardinale di Villecourt e al Cardinale Pitra, i quali, conquistati dall'idea, si iscrivono subito all'opera, seguiti dall'Arcivescovo di Avignone.

Il 6 giugno 1864, tutti i Vescovi e Prelati, venuti a Marsiglia, si radunano a Tour-Sainte, presso monsieur Armand, amico della famiglia Deluil-Martiny. Così Maria, invitata a Tour-Sainte, rivede Mons. De Langalerie che la presenta a tutti i Prelati dell'assemblea. I Vescovi sono avvinti dalla sua proposta, si iscrivono alla associazione e scelgono la loro «ora» di offerta speciale.

In pochi giorni, è avvenuto un fatto meraviglioso: l'approvazione dell'Opera da parte di numerosi Successori degli apostoli, nella Chiesa di Francia. Maria, entusiasta, si fa audace, pronta a tutto osare per il trionfo del suo Gesù. Bussa alla porta degli istituti religiosi, con lettere ardenti:

«Quanto ella è felice dietro le sue grate, sorella mia, tutta sola con Lui solo! Sono rari i cuori in cui Egli è maestro, re assoluto, padrone, anche fra coloro che gli sono consacrati... Ella sa che lo scopo speciale della Guardia d'onore, è di onorare il Cuore di Gesù e di attingere da Lui speciali favori per la Chiesa e per i fratelli... Voglia indicare questo mezzo alla sua cara comunità e a quanti associati le invierà la Provvidenza. Uno slancio del cuore, una semplice intenzione basta: sublime spettacolo vedere a ogni ora del giorno una legione di Guardie d'onore, raccogliere nel calice del loro cuore il Sangue e l'Acqua scaturiti dalla sua Ferita e offrirli per mezzo di Gesù all'adorabile Trinità! La Santa Chiesa è sul Calvario: è giunto il momento di riunirci intorno al Cuore di Gesù trafitto sulla Croce».

In breve tempo, Maria moltiplica i contatti: chi legge le sue lettere, chi la incontra di persona, la sente autorevole, trascinatrice a Cristo. C'è chi vuole conoscerla *de visu* e viene a Marsiglia a farle visita. Un giorno, capita che uno, vedendosela davanti, umile e semplice, le domanda: «Ma io vorrei vedere, parlare con *mademoiselle Marie...* . Un grande stupore, quando ella risponde: «*Sono io*».

Si rivolge anche ai sacerdoti, con «autorità», anche se ha solo 24 anni: «*Io non mi stanco di pregare e far pregare per lei, mon Père; il Cuore di Gesù la consoli, la sostenga, la protegga. Coraggio! Gesù tiene conto di ogni palpito doloroso del suo cuore, di ognuno dei suoi sacrifici... Dalle sue piaghe, insieme con il suo Sangue divino, sgorgano per lei forza e coraggio; il Sangue del Cuore di Gesù, conforti e sostenga l'anima sua*».

Ad un altro, scrive: «*Quando ella tiene Gesù nelle mani, gli ripeta sempre: venga il tuo regno! La croce è il trono su cui Gesù ha instaurato il suo regno nelle anime e da quella egli ha scritto il suo titolo di Re. Gesù Re avrà anch'egli la sua guardia d'onore che si succederà intorno a Lui a ogni ora. Il Tabernacolo è il convegno delle guardie d'onore perché là c'è Gesù, sempre vivo e spesso oltraggiato come sul Calvario*».

È mobilitata da un'unica passione: Gesù ha sparso il suo sangue per la salvezza del mondo, Gesù continua a offrirsi in sacrificio su tutti gli altari della terra. Ora, tocca a noi raccogliere questo sangue, che dà salvezza, nelle nostre mani e portarlo ai fratelli.

Vive ai piedi della croce di Gesù, Maria, dell'altare e del Tabernacolo dove c'è Lui vivo, offerto e donato. Attorno a Lui, ella chiama tutti, senza soste - il sacerdozio, il laicato, la vita religiosa - a diventare co-redentori con l'unico Redentore del mondo.

Giorno di pace

Alla «Visitazione» di Bourg, per la beatificazione di Margherita Maria Alacoque, si celebrano nel 1865, grandi feste. Nel maggio 1865, suor Maria del Sacro Cuore invita la *petite Marie* a parteciparvi e a passare qualche giorno in monastero. Non si conoscevano che per lettera fino a quel momento, ma vedendosi, si sentono più che sorelle, rese da Gesù «un cuore solo e un'anima sola».

Suor Maria intuisce subito che la giovane amica soffre intimamente, lacerata dalle sue pene. La invita alla confidenza: «*In questo soggiorno tra noi* - le dice - *faccia un buon ritiro: vi ritroverà la pace*». Nel silenzio del chiostro, Maria prega con fiducia, a lungo. Il 27 maggio 1865, si confessa da un venerando sacerdote. Al momento di ricevere l'assoluzione, si sente riempire l'anima di una grande pace: «*La grazia più grande della mia vita*» - ricorderà più tardi. La liberazione dalla croce che l'opprimeva.

Scrive la sua riconoscenza e i suoi impegni per il futuro su un foglio e lo depone sull'altare perché vi resti durante la Messa: «*Gesù, ti supplico di aver pietà della mia miseria. Fammi la grazia di non offenderti mai più. Quanto fu grande la tua misericordia per me, Signore Gesù! Voglio che ogni palpito del mio cuore sia un atto di riconoscenza per i tuoi benefici. Una cosa sola ti chiedo: che si compia, quando e come ti piacerà, il tuo disegno di amore su di me. Mio Dio, ti amo: che Tu sia conosciuto, amato e consolato da tutti gli uomini*».

Una stupenda dichiarazione di amore a Colui che ama come l'Unico. Libera e serena, non le resta che camminare con slancio sulla via cui Dio l'ha posta per ora.

Alla «Visitazione» di Bourg, ai primi di giugno 1865, Maria incontra un grande missionario italiano, *Padre*

Daniele Comboni, appassionato di portare Cristo all'Africa e in procinto di fondare a Verona una grande Congregazione di Missionari: i Figli del Sacro Cuore di Gesù e le Pie Madri della Nigrizia. *È l'incontro di due santi:* stringono un patto reciproco di aiutarsi a propagare le loro opere. P. Comboni divulgherà non solo «la Guardia d'onore», ma un gigantesco movimento missionario che nasce dal Cuore di Cristo. E Maria, di questo movimento «comboniano», diventerà la «radice nascosta».

Ritornata a Marsiglia, riprende il suo apostolato su diversi fronti. Si lega di stretta amicizia con una ragazza come lei, *Matilde Nèdonchel,* con un fitto scambio di lettere: saranno come sorelle, per il trionfo di Gesù, ognuna sulla propria strada. «La Guardia d'onore» si estende prodigiosamente, così che presto potrà scrivere:

«I Vescovi di Tournai, di Reims, di S. Claude, di Frejus, hanno raccomandato «la Guardia d'onore» al loro clero: i due primi, rendendo pubblica la loro approvazione, il terzo per mezzo di speciale lettera pastorale, il quarto con un'ottima frase aggiunta a una circolare. In tre anni la Provvidenza ha esteso quest'opera in modo da provare quanto le sia gradita: 78 Vescovi iscritti, ricche indulgenze, la sua erezione canonica in 25 diocesi, il numero degli associati elevatosi a 98 mila, in questo secondo anno, frutti consolantissimi, in molte parrocchie e comuntà religiose... Il Cuore di Gesù ne guida il progresso».

Piccola tra i grandi

Nonostante la fragile salute della mamma e la sua che non è eccessiva, Maria si lascia mobilitare ogni giorno di più da una sola fiamma che la arde. Gesù che la abita dentro

- *Jesus inhabitans* - pur lasciandola apparentemente nel suo nascondimento, la pone in prima linea ed ella si lascia consumare da Lui.

I genitori condividono e sostengono il suo apostolato, impegnadovi il loro denaro e gran parte del loro tempo. Maria manda avanti iniziative di preghiera e di carità, coinvolgendovi diversi ceti di persone. Tiene una fitta corrispondenza con umili sconosciuti, con Istituti religiosi, con sacerdoti e Vescovi. Stupisce ed incanta tutti con il suo ardore e la sua azione «*affinché Cristo regni*».

Nel giugno 1866, per consiglio del medico che, per la sua salute, «vuol farle cambiare aria», in compagnia della mamma, che ha qualche energia in più del solito, e della sorella Amelia, Maria va in pellegrinaggio alla «Visitazione» di Paray-le-Monial, il monastero dove nel Seicento visse Margherita Maria Alacoque. Trascorre giorni di preghiera e di gioia ineffabile nel luogo dove Gesù scese sulla terra a far le sue confidenze a Margherita Maria. Al ritorno, passa a Bourg, presso suor Maria del sacro Cuore, dove sente farsi più forte la chiamata di Cristo a consacrarsi a Lui per sempre. Le sembra che Egli la voglia proprio a Bourg.

Fa domanda, Maria, di esservi ammessa, ma proprio il giorno in cui riceve la risposta di essere accolta, comprende che Dio non la vuole là, perché ha su lei un altro disegno. Si ritrova ancora nel mondo a continuare il servizio ai suoi e l'apostolato che ha tra le mani. La «Guardia d'onore» è diventata ormai un movimento assai noto e diffuso. Un giornale di Parigi l'attacca con un articolo beffardo. Maria legge e comprende quanto sono vere le parole del Divino Maestro: «*Se hanno perseguitato me, perseguiteranno anche voi*», rivolte ai suoi amici (Gv, 15, 20).

Il suo nome è conosciuto da illustri personalità della Chiesa, in Francia e altrove. Mons. Bougaud, Vicario generale della diocesi di Orléans, brillante scrittore di vite di santi, si era proposto dopo la beatificazione di Margherita Maria Alacoque, di scriverne la biografia[2]. Per questo si era rivolto ai monasteri della «Visitazione» per chiedere di assisterlo con la preghiera e di mandargli tutti quei testi che trattano della devozione al Cuore di Gesù e della missione di diffondere il suo culto.

Alla «Visitazione» di Marsiglia, la superiora, all'inizio del 1867, affida a Maria Deluil-Martiny l'incarico di cercare nelle opere del loro Fondatore, S. Francesco di Sales, le pagine che si riferiscono all'argomento richiesto da Mons. Bougaud... Maria legge e medita le lettere e i trattati del santo dottore della Chiesa e in un mese prepara per lo scrittore una raccolta delle pagine più luminose, intercalandole con le sue riflessioni. È rimasta «segnata» dentro soprattutto da alcuni passi dell'«Introduzione alla vita devota» che la illumineranno negli anni a venire.

Quando Mons. Bougaud riceve la preziosa silloge, il 18 giugno 1867, ringrazia Maria: «*Signorina, lei ha studiato meravigliosamente... e i numerosi e scelti documenti raccolti danno all'argomento un'evidenza e una bellezza intima e vitale... Preghi per me e faccia pregare*». La biografia della B. Margherita Maria, scritta dal Vicario generale di Orléans, uscirà presto e innamorerà di Gesù un numero sconfinato di anime, provocando un vero incendio di conversioni e di santità. Dietro la penna dell'agiografo famoso in tutta l'Europa, c'è anche Maria, umile *jeune fille* di Marsiglia.

---

2. *Mons. Louis Bougaud* (1823-1888), prima Vicario generale di Mons. Dupanloup a Orléans, poi Vescovo di Laval, autore apprezzatissimo di vite di santi, come S. Monica, madre di S. Agostino, S. Giovanna di Chantal, confondatrice della Visitazione con S. Francesco di Sales, S. Margherita Maria Alacoque, che forse è il suo capolavoro.

Ma non si accontenta qui. A Issoudun, nella diocesi di Bourges, il *P. Jules Chevalier,* aveva dato vita nel 1854, alla Congregazione dei Missionari del Sacro Cuore e, con la collaborazione di *Marie-Louise Hartzer,* a quella delle Figlie di Nostra Signora del Sacro Cuore, per promuovere con un intenso ministero sacerdotale, la formazione della gioventù e le «missioni» tra i cristiani e i popoli ancora ignari del Vangelo[3].

Quando, proprio in quegli anni, la grande Opera del P. Chevalier incontra gravi difficoltà, Maria, come un angelo mandato da Dio, vi porta il suo aiuto così che Issoudun - come dirà il P. Jouet - ne avrà un gratissimo ricordo: «*Prove così violente parevano annientarci. La signorina Deluil-Martiny ci portò soccorsi e incoraggiamenti che non potremo mai dimenticare*».

Nella sua casa signorile, dove potrebbe in fondo godersi la vita, come un gran numero di figlie dell'alta borghesia, è diventata davvero insieme Marta e Maria, le sorelle di Betania, in ascolto rapito e in servizio continuo a Gesù, sommo ed eterno Sacerdote.

---

3. Si veda: A. Giorgi, *Il Cavaliere di Nostra Signora, P. Giulio Chevalier,* Coletti, Roma, 1958.

4

«UN'ALTARE NELL'ANIMA MIA»

L'Africa nel cuore

Dal giugno 1865, quando l'ha incontrato alla Visitazione di Bourg, Maria non ha più dimenticato don Daniele Comboni, il missionario di Verona che pensa a portare l'Africa a Cristo con *«un piano di salvare l'Africa con l'Africa»,* ispiratogli da Dio, mentre si trovava in «S. Pietro» a Roma, in preghiera.

Papa Pio IX - al quale don Comboni ha sottoposto il «piano» - lo ha approvato e incoraggiato: attraverso le durissime esperienze condotte nella sua prima «avventura» nel Sudan, Dio gli aveva fatto comprendere che, se i missionari europei in Africa non potevano resistere, occorreva preparare sacerdoti e evangelizzatori indigeni. Se i negri non riuscivano a sopravvivere in Europa, per il clima e per l'ambiente, bisognava istituire scuole e collegi in certe zone dell'Africa dove era possibile vivere tanto agli europei che agli africani.

«Il piano - scrive P. Cirillo Tescaroli - conteneva tutta una serie di intuizioni che non si limitavano alla missione nell'Africa Centrale, ma abbracciavano tutto il continente e prospettavano una "pastorale d'insieme" con la collaborazione di tutte le congregazioni e istituti che lavoravano in Africa».

Con l'approvazione di Pio IX, don Comboni, per realizzare il suo progetto, affronta lunghi viaggi in Francia, Spagna, Germania, Austria, Polonia e Russia, per sensibilizzare numerose persone all'evangelizzazione dell'Africa e costituire gruppi d'appoggio.

È appunto, in uno di questi viaggi, che egli ha avvicinato ancora Maria e ha scoperto che ella, con il movimento della «Guardia d'onore» di cui è la prima zelatrice, può dargli un grande aiuto per la sua missione in Africa: un aiuto di preghiera e di immolazione, in unità con Gesù, per quei fratelli così poveri e soli. E un aiuto per far conoscere a molti l'impresa che vuole intraprendere.

Inizia tra don Comboni e Maria un fitto scambio di lettere. Il 5 luglio 1865, don Comboni, scrivendole da Napoli, ci fa conoscere che i due hanno stretto «il patto» reciproco di aiutarsi a propagare le loro opere: il missionario diffonderà anche lui «la Guardia d'onore» e Maria, con l'Africa nel cuore, anche se non potrà partire missionaria, lo sosterrà con la sua offerta, - il suo sacrificio - e la sua opera nel movimento che ella anima.

Ma nessuno più di lei medesima, può testimoniarlo, così ardente e dinamica.

«Il Papa mi conosce»

Il 3 dicembre 1867, Mademoiselle Maria scrive, entusiasta, a suor Maria del S. Cuore:

«Carissima sorella, Don Comboni è venuto da me, mercoledì scorso, verso le tre, e dopo avermi narrato la lunga

storia delle sue tribolazioni per le sue missioni d'Africa, mi trattenne a lungo sulla nostra «Guardia d'onore». Per le sue missioni, egli ebbe un completo successo presso il Sommo Pontefice.

Don Comboni gode santamente di essere stato caricato di croci. Satana non risparmiò nulla per intralciare l'Opera d'Africa, ma infine lo zelante missionario parte con 16 giovani negre dai 18 ai 20 anni, molto bene istruite e destinate a fondare un istituto di suore indigene; partono pure quattro sacerdoti, religiosi di S. Camillo de Lellis, che, scacciati dall'Italia per la rivoluzione (per le leggi di soppressione degli Ordini religiosi, del 7 luglio 1866) si consacrano a evangelizzare l'Africa.

Don Comboni lesse al Santo Padre la maggior parte della mia famosa lettera, scritta due anni or sono sulla «Guardia d'onore»; ed anche una lettera che avevo scritto a lui stesso. Mi riferì le commoventi esclamazioni di Pio IX a quella lettura. Il buono e santo Pontefice mi conosce sotto il nome di Zelatrice del Sacro Cuore. Il venerdì successivo, 22 novembre, don Comboni nel congedarsi dal Santo Padre, chiese una benedizione speciale per la zelatrice del S. Cuore. «Oh, ditele - rispose il Sommo Pontefice - che la benedico con tutto il cuore».

È il 27 novembre 1867, quel mercoledì, di cui parla Maria, giorno del suo incontro con don Comboni a Marsiglia. Tutta contenta dell'incoraggiamento che il Santo Padre le ha mandato, tramite il missionario, s'impegna subito a far qualcosa. Nella medesima lettera, ella continua a raccontare:

«L'indomani, era giovedì, andai con la signorina Baudouin ad arruolare nella Guardia d'onore tutta la spedizione di sacerdoti e di giovani negre. Così il Signore si è degnato permettere che fossi io incaricata di consacrare al suo Divin

Cuore le primizie delle missioni di indigeni per rigenerare l'Africa. Ella sa come, per molti lati, l'Africa porti in se stessa una specie di rassomiglianza con il Cuore dolcissimo di Gesù. Non posso tacerle, cara sorella, che il mio cuore traboccava di riconoscenza».

Prima di andarsene da Marsiglia, don Comboni passa a salutare Maria:

«*Venerdì* - ella racconta ancora nello stesso scritto - *don Comboni è venuto ad accomiatarsi; e allora mi ha detto le singolari parole che le ripeto testualmente: "Propaghi la Guardia d'Onore, glielo dico perché sento qualcosa nella mia anima a questo riguardo. Lei ha una missione da compiere, di cui deve considerarsi indegna, ma deve pure convincersi che Lei ha una missione particolare, e ha già cominciato a compierla, diffondendo la Guardia d'Onore"*».

Nel suo apostolato missionario, Maria riesce a coinvolgere anche suo padre, in prima linea. Don Comboni ne è rimasto ammirato e così ne scrive a Mons. Luigi di Canossa, Vescovo di Verona, che lo ha aiutato a fondare, proprio nel 1867, il suo Istituto per le Missioni dell'Africa Centrale:

«Mademoiselle Martiny... propagatrice della Guardia d'Onore del S. Cuore di Gesù... desidera che il nostro Vescovo la istituisca in Verona e nelle Comunità religiose... *Il padre di quest'anima grande si è concertato con me di fondare un giornale che esca una volta al mese, nel quale si svilupperà la gloria di Cristo... Esso farà conoscere al pubblico l'Opera per la rigenerazione dell'Africa e la Guardia d'Onore del S. Cuore.* Il redattore del giornale è il padre di Mademoiselle Martiny, gran legale a Marsiglia e ricchissimo.

Ho presentato a questa piissima giovane i nostri missionari e rimasero sorpresi di tanta pietà e scienza nel discorrere del S. Cuore... Essa fa già pregare ogni giorno per la nostra Opera»[1].

In questo movimento, in questo scambio di incontri e di corrispondenza tra P. Comboni, Maria Deluil-Martiny, Papa Pio IX, Mons. Canossa, i missionari in partenza, monsieur Deluil-Martiny, diventato redattore di un mensile di apostolato, c'è lo stile degli Atti degli Apostoli, dove ferve tutto un pregare, partire, tornare, discutere, patire per amare e far amare Gesù Cristo, l'Unico per il quale siamo salvati.

L'anima di tutto questo, la «radice nascosta», è Maria.

«Un Principe nel deserto?»

Ella continua a vivere nella sua famiglia, in semplicità, lavorando nel nascondimento. Non le mancano le sofferenze. La sorella Margherita, quindicenne, si ammala ai polmoni e si scopre subito la gravità del male. Le cure, così scarse allora, servono a poco. Maria prega e chiede preghiere ai monasteri della Visitazione a Marsiglia, a Paray, ad Annecy e a Bourg, con grande fiducia.

In casa, con i suoi, legge il Vangelo e attende che Gesù dica anche a loro, come al centurione di Cafarnao: *«Va, tuo figlio è guarito!»*. Gesù le parla al cuore, come solo Lui sa fare, e le fa intuire la missione cui sta per chiamarla. Passa molte ore in preghiera davanti al tabernacolo:

«Una sera - scrive l'11 ottobre 1866 - *circa tre settimane or sono, stavo prosternata davanti al Santissimo, quando improvvisamente mi sentii il cuore affranto nel constatare*

---

1. I. Bersani, *La radice nascosta,* in *Raggio* (Mensile dell Missionarie PP. MM. della Nigrizia), febbraio 1984, pp. 4-10 - C. Tescaroli, *Daniele Comboni,* LDC, Torino, 1982.

la solitudine di nostro Signore. Era buio; mia sorella, la governante e io eravamo sole in chiesa. Pensavo tra me: qual è quel principe che acconsentirebbe a vivere in un deserto simile? Non posso esprimerle quello che provai allora pensando all'immenso amore del Cuore di Gesù, là tutto solo! ... alla dimenticanza, alla freddezza, all'indifferenza delle anime! all'indifferenza della nostra natura indifferente all'abbandono del Signore. E il soave Maestro mi fece capire che questo capitava un pò dappertutto...

Per legge di natura, Egli deve rimanere solo la notte, Lui che con un raggio della sua gloria potrebbe conquistare e prostrare ai suoi piedi, per l'eternità, la creazione intera; Lui, che non ha notte di tregua per la sua immolazione mistica!... E ho sentito in un modo inesprimibile che ormai questa sofferenza, già troppa lunga per Lui, stava per finire e che, presto il Signore darà agli uomini il mezzo di por fine a questo involontario oltraggio alla divina Maestà, a questa forzata ingratitudine verso il più incredibile e generoso amore.

Il mezzo l'ho visto, un pò vagamente e circondato di ostacoli, a prima vista insuperabili: sarebbe l'adorazione perpetua, quasi la Guardia d'onore perfezionata, Guardia perpetua del Sacro Cuore, con certi appoggi che ne assicurerebbero il funzionamento. Dio attuerà il suo piano, quando vorrà, trionfando degli ostacoli; basta che gli uomini lo lascino fare. Sono così sicura di questa volontà divina, che dovessi vivere cent'anni, senza vederla realizzata, non ne avrei alcun dubbio».

Maria realizzerà questo piano di Dio, «l'adorazione perpetua» davanti al Tabernacolo, affinché Gesù, il Principe divino, non abbia più a vivere in un deserto, ma in una reggia di anime innamorate. E grande ne sarà il beneficio per tutti:

«*Le colpe del nostro secolo* - continua a scrivere Maria nella stessa lettera - *otterranno prodigi di amore dal Cuore di Gesù! Preghiamo affinché la terra non se ne renda indegna e Dio anticipi le sue misericordie e prepari le anime di cui si servirà come strumenti*».

Proprio lei, Dio sta preparando.

Finalmente una guida

L'ultimo venerdì dell'anno 1866, Maria va nella chiesa dei Gesuiti a pregare. Sente uno di quei Padri predicare sul Sangue e sull'Acqua sgorgati dal Cuore trafitto di Gesù (Gv, 19, 34).

È il P. Jean Calage, che ella ha già visto tante volte occuparsi, attivo e dinamico, dei fanciulli, degli operai della città, delle compagnie religiose. Ora ascoltandolo, prova un vivo desiderio di aprirgli l'anima.

Si reca dunque da lui e gli dice: «*Padre, io non la credevo quale lei è in realtà... Quando la vedevo prendersi cura di tante opere esteriori, non pensavo che potesse comprendere così mirabilmente quanto ci ha predicato venerdì intorno al Cuore di Gesù*».

Il Padre sorride, affabile, e l'ascolta. Maria gli parla della Guardia d'onore - che lui già conosce - e poi gli rivela le sue necessità spirituali. P. Calage si domanda quali possano essere i disegni di Dio nell'inviargli quella creatura, che subito gli appare «superiore». Congedandosi da lui, Maria aggiunge: «*Perché non l'ho conosciuta prima, Padre?*».

Finalmente ha trovato la sua guida, colui che, mandatole da Dio, l'avrebbe condotta in alto, molto in alto.

Ma chi è Padre Jean Calage?

Era nato il 15 agosto 1805 a Montpellier... Il babbo suo, cattolico autentico, al tempo del «Terrore», durante gli anni della rivoluzione francese, aveva aiutato un fratello, giovane sacerdote, a esercitare il ministero, quando preti e credenti, se scoperti, finivano sotto la ghigliottina, in odio alla fede.

Monsieur Calage, camuffato da stagnaro, il prete, da venditore ambulante di ombrelli giravano per le contrade, gridando a squarciagola i nomi dei loro «mestieri» e chiedendo lavoro. I buoni cattolici conoscevano il trucco e li invitavano a entrare nelle case: il «venditore ambulante» confessava e celebrava la Messa, mentre «lo stagnaro» faceva la guardia sulla porta, fingendo di lavorare.

Figlio di un papà così, che per la Fede aveva più volte rischiato la pelle, il piccolo Jean era cresciuto, innamorandosi di Gesù, come del suo Signore e più grande Amico. Un giorno, invitato a portar con sé il libro per seguire la S. Messa, aveva risposto, indicando il suo cuore: «*Oh, io ne ho qui, di preghiere, assai più belle!*». A sette anni, aveva già dichiarato ai suoi: «*Voglio diventare sacerdote!*».

A dieci anni, aveva fatto un sogno: «*Mi pareva di essere già sacerdote e di trovarmi all'ingresso di un gran viale, accompagnando al martirio due vergini biancovestite. Cammin facendo, mi domandavo: "Come mai, queste due vergini devono essere martirizzate e io, sacerdote, risparmiato?" Ne soffrivo. Lasciato il gran viale, passammo in un altro più stretto, in cui una delle due vergini ricevette il colpo fatale: mentre anche l'altra, destinata al martirio stava per essere sacrificata, io mi risvegliai!*».

Dopo quel sogno, appena giorno, Jean si era recato in chiesa e, inginocchiato davanti al Tabernacolo, aveva pianto e pregato a lungo, immerso in Dio, fino a mezzogiorno.

Poi era entrato in seminario per farsi prete diocesano, ma presto aveva espresso il desiderio di diventare Gesuita. «Che ti servirà? - gli domandò il rettore - presto i Gesuiti saranno cacciati dalla Francia». Intanto il babbo si era ammalato gravemente e, sul punto di morire, supplicava Jean di non abbandonare la mamma, per farsi religioso. Lui gli rispose: «*Non temere, Dio provvederà*».

Si preparava a entrare nella Compagnia di Gesù, quando nel giugno 1828, il Maestro dei novizi gli scrisse: «Entrare ora fra noi significa esporsi alla persecuzione». Tuttavia a 23 anni di età, senza paura alcuna, entrò in noviziato, si preparò ai voti, completò gli studi, fuggendo dalla Francia in Spagna. Il 21 dicembre 1834, rientrati i Gesuiti in Francia, era ordinato sacerdote a Vals, da Mons. De Bonald.

Dal 1841 (anno della nascita di Maria Deluil-Martiny, annotiamo noi) P. Jean Calage era a Marsiglia. Doveva rimanerci 47 anni, fino alla morte.

«Voglio consacrarmi a Dio»

Appena giunto a Marsiglia, si era dedicato alla guida di alcune opere di apostolato, lasciategli alla morte del P. Barelle, guadagnandosi la fiducia e la confidenza di molti con la sua amabilità e franchezza, con la sua santità di vita. Era solito confidare: «*Non ho mai pensato ad altro che alle anime. Fin dall'età di 18 anni, dissi a me stesso: occupiamoci a pregare per le anime e lasciamo a Dio l'occuparsi della nostra... Certo io so a chi do tutto e so che Gesù non abbandonerà l'anima mia*».

Uomo tutto di Dio, era «il Predicatore delle grandi Verità»: così si chiamava egli stesso, sempre impegnato a predicare missioni e esercizi spirituali. Poi, nel suo ritiro annuale del 1847, Dio parve segnalargli un'altra vita: «*Si trattava - spiegherà egli stesso - di scendere nelle miniere ed estrarne le pietre preziose, cioè le anime elette, comprese dallo spirito di immolazione e di sacrificio; queste io dovevo cercare e condurre a Gesù Cristo... Cominciai a parlare del Sacro Cuore di Gesù e del suo Preziosissimo Sangue».*

Avvenne allora una trasformazione. Molti cominciarono a vederlo ricco di luce così da saper leggere nell'intimo delle anime per guidarle verso le vette della santità più alta. Il servizio della confessione e della direzione spirituale diventò per lui il primo da compiere: nel silenzio, nel dialogo noto a Dio solo, avvennero conversioni, trasformazioni di creature ad immagine di Gesù, veri capolavori di amore[2].

Proprio così, Maria Deluil-Martiny, a 25 anni, trovò la sua guida, come abbiamo narrato. Fin dal primo colloquio, egli sentì che Dio gli affidava quella giovane singolare per aiutarla... Illuminato dall'Alto, scoprì in lei una di quelle vergini votate al martirio, che aveva visto in sogno da bambino? Oppure conobbe il progetto divino cui Dio la destinava a favore di tutta la Chiesa?

Non sappiamo, ma di Maria il Padre Calage si prese somma cura.

Maria gli rivela il suo desiderio: «*Voglio consacrarmi a Dio*». Le risponde il Padre: «Sì, lei è chiamata a questa vita, ma non è ancora giunta l'ora... A suo tempo, Dio le affiderà una missione da compiere; si prepari con il distacco da sé, con l'amore a Lui solo».

Nelle settimane che seguono, Maria si apre con il Padre, accusandosi delle infedeltà commesse e parlandogli delle grazie ricevute da Dio. Il Padre l'ascolta silenzioso e penetrante. Conclude:

«Nella conoscenza della sua anima, tre pensieri occuparono la mia: il primo, che lei è figlia dell'amore e della misericordia di Gesù, una di quelle anime che Egli vuole ad ogni costo: sono rimasto colpito dall'amore che Egli

---

2. L. Laplace, *La Madre Maria di Gesù,* cit., pp. 57-63.

porta per lei... In secondo luogo, ho sentito che *se lei si allontanasse ora da Gesù, morrebbe immediatamente, cioé condurrebbe vita miserabilissima...* Dio vuole da lei grandi sacrifici, ecco il terzo pensiero. Si tenga pronta, prenda la sua croce e cominci la salita al Calvario, poiché il Signore le riserva grazie straordinarie; *quanto più lei sarà generosa, tanto minor fatica le costerà».*

Maria annota le direttive del Padre, le medita, le vive un giorno più dell'altro. Le spiega la sua «guida»:

«La nostra natura, per quanto pura e retta - e lo è così poco! - è inferiore a noi medesimi... Ma *noi siamo chiamati a vivere una vita divina. A questa vita si giunge solo con l'umiltà, l'obbedienza e l'abbandono al suo volere. Il nostro io ribelle deve sparire in modo che possiamo dire: Non sono più io che vivo, è Gesù che vive in me».*

Il 31 marzo 1867, muore a 15 anni, Margherita, sorella di Maria, mormorando in latino, il *suscipiat* della Messa: «Il Signore riceva questo sacrificio a lode e gloria del suo Nome, per il bene nostro e della sua santa Chiesa». Un altro dolore grandissimo, per Maria e per i suoi genitori, per la mamma già così fragile di salute. Soffre terribilmente, ma accetta:

«*Oh, Maestro, ci sono forse vie più sapienti delle tue? Più brevi e più sicure, più abili e più amorose? Puoi Tu avere un altro fine, se non quello della tua maggior gloria e della santificazione dei tuoi prediletti?».*

Tappe di ascesa

Il Padre Calage la invita a lasciarsi guidare con docilità: «*Non veda più che Gesù nella direzione spirituale. Quando verrà a cercare consolazioni umane, non ne troverà mai. Vada al Tabernacolo, là riceverà la luce; Gesù è il primo direttore delle anime. Gesù vuol parlare all'anima sua; ma vuole trovarla sola, attenta e raccolta. La sua camera sia la sua cella; a ogni più lieve chiamata vi corra ad ascoltare Gesù...».*

Dopo la morte di Margherita, la mamma si è fatta ancora più debole; per sollevarla dal dolore, Maria le propone di andare con lei a Bourg, per alcuni giorni di ritiro alla «Visitazione». Il Padre le chiede di scrivere il diario di quei giorni di silenzio e di preghiera: egli ha avuto l'intuizione che Dio le avrebbe manifestato i suoi progetti per il futuro.

In ascolto davanti al Tabernacolo, Gesù le fa capire che vuole raccogliere attorno a lei delle sorelle - sue «spose» - per dargli una continua offerta di riparazione e di amore, per i peccati degli uomini, per farsi uno con Lui nel suo olocausto al Padre sul Calvario e su tutti gli altari della terra, per la gloria di Dio e per la salvezza dell'umanità.

Queste «sorelle» si sarebbero unite in un Istituto, una nuova Famiglia religiosa, per adorare la Trinità nel modo più sublime, per mezzo di Gesù offerto nella Messa, il solo vero e degno adoratore di Dio, con la stessa dedizione del suo Cuore divino.

Maria parla del progetto che Gesù le sta rivelando con suor Maria del Sacro Cuore e si sente incoraggiata. Gesù stesso le svela come potrà realizzare il suo piano. Scrive:

«Il Signore mi fece osservare che da qualche tempo Egli guidava i miei colloqui dopo la Comunione informandoli allo spirito dell'opera futura. Io infatti offrivo Gesù Cristo alla SS. Trinità (Egli me l'aveva insegnato, facendomelo fare) quale sacrificio vivo nella mia anima; da allora in poi non sono più io che offro Gesù, ma è Gesù che si offre in me stessa. Egli mi fece comprendere che il minimo di questi atti ha un valore infinitamente più prezioso di qualsiasi atto dell'anima.

Da qualche tempo il Signore ha innalzato un altare nella mia anima sul quale si offre incessantemente al suo Eterno Padre e all'adorabile Trinità, vuole che la mia anima resti alla sua presenza innanzi a questo altare in continua adorazione, unendomi agli atti divini che Egli compie».

Maria, dunque comprende che Dio non la vuole alla «Visitazione». Al ritorno da Bourg, sottopone il diario al Padre Calage, il quale, leggendolo, trova confermato quanto egli già aveva intuito. Anzi, Gesù aveva istruito Maria su un'opera che già occupava la mente del Padre, il quale era già arrivato al punto di realizzarla, poi si era fermato, come trattenuto da Qualcuno.

«Ho letto la relazione di quanto è accaduto durante il suo soggiorno a Bourg - le risponde, restituendole il diario -. Altri ebbero prima di lei la luce che ella ha ricevuto: *Dio si prepara una generazione di anime vittime e da gran tempo lavora per loro.* Sono vent'anni che le persone cui Egli ha fatto queste comunicazioni pare si diano ritrovo al mio confessionale».

Ormai comincia a farsi chiaro che tocca a Maria realizzare quest'Opera di Gesù: ella che ha scoperto che l'azione più grande e più preziosa che esista è farsi uno con Gesù nella medesima offerta, ella che ha l'anima diventata come un altare su cui Egli si offre di continuo al Padre per la salvezza del mondo, raccoglierà per Lui numerose sorelle, per compiere insieme a Lui la stessa offerta, l'identico olocausto d'amore.

«*Padre* - pregò Gesù, l'ultima sera della sua vita - *per loro io sacrifico me stesso, affinché anch'essi siano santificati nella Verità*» (Gv, 17, 19).

Maria sarà fondatrice. Sarà la «santa Maria di Marsiglia».

5

«UN UNICO AMORE: GESÙ SOLO!»

«Dio prepara una grande Opera»

Quel medesimo giorno, il P. Calage, restituendo «il diario di Bourg» a Maria, le rivela:

«Leggendo queste pagine, mi pareva di vedere cose note e, glielo ripeto, io stesso ho avuto queste luci e assolutamente uguali le ebbero alcune anime da me dirette. Nelle grandi cose Dio comunica a molti le sue idee ed è questa una certezza che Egli ci vuole dare di quanto desidera».

Lo ascolta, Maria. Lui continua:

«La prima volta che io ricevetti delle confidenze in proposito, non ne volli sentir parlare, ma poi fui costretto ad arrendermi, quando la cosa si fece più chiara. Nel 1846, la signorina C. G. che riceveva allora le maggiori illuminazioni, mi diede una prova chiara che queste le venivano da Dio, annunciandomi, per l'anno seguente, l'arrivo a Marsiglia del Padre Roothan, Preposito generale della Compagnia di Gesù...».

— Ed è venuto davvero?

«Nulla poteva far prevedere un fatto così straordinario,

tuttavia gli avvenimenti condussero in mezzo a noi, il Padre Roothan, a cui sottoposi le confidenze che avevo ricevuto. Mi ascoltò con molta attenzione... Poi, volle leggere ciò che era stato scritto intorno all'Opera futura. Egli stesso, nei due anni che fu a Marsiglia, diresse quella signorina e questo fu per me un vera consolazione e una maggiore garanzia. Per ordine del Padre Generale, continuai a sottoporre ogni cosa ai miei superiori».

— E poi?

«In quel frattempo, essendo stata divisa in due la nostra provincia religiosa del sud della Francia, seppi dal Padre Generale che, benché fossi stato richiesto dalla provincia di Toulouse, egli mi avrebbe lasciato a quella di Lione e Marsiglia, perché continuassi a occuparmi dell'esecuzione dei divini voleri. Eravamo ancor ben lontano dal loro compimento: l'Opera doveva essere fondata su "tante creature offerte a Dio"».

Il P. Calage ricorda a Maria che, fra queste, Dio ne ha già chiamata una a Lui, Lucia di M. che era stata conosciuta anche da Maria. Altre rimanevano ad offrirsi a Dio per il compimento dell'Opera.

«Sembrava che 20 anni di preghiere e di sacrifici - aggiunge il Padre - avessero preparato l'ora di Dio. Avevo già l'approvazione e l'appoggio dei superiori. Anche Mons. Cruice, Vescovo di Marsiglia, desiderava questa fondazione. Egli passava le notti in preghiera dinanzi al Tabernacolo, piangendo sulle profanazioni dell'Eucarestia. Lei, *mademoiselle,* ricorda il fatto dell'Ostia Santa rubata in una chiesa della nostra città e portata a S. Giniez, dove fu abbandonata nel fango della strada che confina con la sua proprietà, poi raccolta e conservata miracolosamente per molti anni... Ebbene, lei può immaginarsi quanto ne fosse desolato il santo Vescovo. Il Signore lo illuminava con le sue comunicazioni e, mostrandogli le anime del futuro Istituto, gli diceva: *"Sarà il Carmelo del mio Sacro Cuore"*».

Mentre cresce lo stupore di Maria, il Padre prosegue:

«Nel febbraio 1866, il Card. Patrizi passò da Marsiglia e gli fu detto il progetto della fondazione. La signorina Amalia Lautard fu incaricata della sua realizzazione e presentata al Cardinale: si stabilì che andasse a Roma a chiedere la benedizione del Santo Padre. Pio IX la ricevette in udienza e le disse: *"Io benedico lei, figlia mia, e tutte le anime che Dio susciterà per questo Istituto..."*. Ma non si fece nulla per la morte di Mons. Cruice, avvenuta il 12 ottobre 1866 e per le difficoltà sopraggiunte».

Maria è commossa fino alle lacrime, scossa profondamente. Il Padre, imperterrito, conclude: «Quando sarà fondata l'Opera, Dio solo la sa... Lei, però vi è destinata ed è quanto le volevo dire già nel primo incontro, quando le spiegai: Non è ancora giunto per lei il momento di consacrarsi a Dio. Ella è una pietra grezza, affidata a me affinché io la lavori. Io devo farlo, in quanto è destinata a diventare una delle pietre fondamentali dell'Istituto... *Più tardi, lei sarà vittima sacrificata e, a sua volta, immolata*».

Ora davvero sembra a Maria che il Padre le abbia «letto» dentro: tutto le viene detto, proprio secondo quanto ella già da qualche tempo veniva intuendo, sempre più chiaramente. Si domanda: «*Io essere fondatrice? E queste parole sono una profezia?*»[1].

Dono totale

Nel suo soggiorno a Bourg, Maria ha desiderato ardentemente di offrire a Dio il voto di verginità per sempre.

---

1. L. Laplace, *op. cit.* pp. 72-75.

Adesso ne parla con «il Padre», che l'approva e la invita a prepararsi con tre mesi di preghiera. Le concede di poter fare subito un dono totale di se stessa al Signore Gesù.

Maria scrive la formula dell'offerta e, il 1° venerdì di settembre 1867, la depone sotto il calice, sull'altare, mentre il P. Calage celebra la S. Messa. Così ella inizia il suo cammino di consacrazione all'Unico che ama:

«*O dolcissimo Signore e mio Re, Gesù* - scrive Maria - *Tu sai che io sono nulla, ho nulla e posso nulla. Oso appena dirti che mi do e mi abbandono interamente a Te; preferisco supplicarti che Tu stesso mi prenda e impadronisca di me, senza alcun limite.*

Permettimi, dunque, o mio Maestro, che, per mezzo delle tue mani, io mi doni a Te e al tuo Cuore adorabile. Ricevi ed accetta così il dono, l'abbandono totale e incondizionato che, per tua grazia, ti faccio di tutta me stessa... nel tempo e nell'eternità. Nulla più mi appartiene, ogni cosa mia è tua e tutto ti ho dato e abbandonato pienamente. Fá di me e di tutte le cose mie quello che Tu vorrai... Io non ho più nulla né a desiderare né a preferire...

In cambio di queste miserie che io ti offro, dammi Tu la grazia di non mai più riprendere me stessa, di amare Te solo e senza limiti e di compiere in tutto la tua volontà. O Cuore trafitto di Gesù, benedici la tua umile schiava».

Al termine della Messa, il Padre, nel renderle lo scritto, commenta:

«*La sua offerta è stata irrorata dal Sangue di Gesù, è firmata da Gesù e da lei. Ha inteso bene quel che ha fatto?*».

Da quel giorno, Gesù l'avrebbe davvero presa in parola. La sera stessa, mentre Maria prega, in silenzio, davanti al Tabernacolo, nella chiesa di S. Giniez, sente Gesù che le dice:

«*Maria! A te non rimane che annientarti, tu non sei che una miserabile corteccia, sotto la quale io mi nascondo; ho sempre amato le apparenze vili e spregevoli...*».

Poi, con voce intensa, Gesù continua:

«*Non sono conosciuto, non sono amato... Io sono un Tesoro che non è apprezzato e voglio prepararmi anime che possano comprendermi.*

Sono un torrente che vuol straripare e del quale non si possono più trattenere le acque! Voglio farmi delle anime che le raccolgano, voglio farmi dei calici per colmarli delle acque salutari del mio amore...

Io farò prodigi e nulla varrà a trattenermi, né gli sforzi di satana, né l'indegnità delle anime! Io mi farò delle "anime fedeli e generose" per compensarmi di quei prodigi. Ho sete di cuori che mi apprezzino e mi facciano raggiungere il fine per cui rimango sugli altari.

Io sono oltraggiato e profanato, ma prima della fine del tempo, voglio essere risarcito degli oltraggi che ho ricevuto... Voglio spargere tutte le grazie che sono state disprezzate».

Maria ascolta. Gesù le domanda:

«*Sai tu che cosa voglia dire adorare? Io sono il solo che realmente adori il Padre... Io sono la suprema bellezza*».

Maria ascolta Gesù, come rapita da Lui. Confiderà: «*Io allora ho capito che ero destinata a lavorare attivamente a quell'opera intravveduta e a cui si riferivano tutte le parole di Gesù. Ma Egli, per tenermi in un totale abbandono, mi lasciò nel vago*».

Tre giorni dopo, Maria annota: «*Con gli occhi dell'anima, vidi che Gesù mi consacrava con il Sangue e l'acqua usciti dal suo Cuore... Mi disse che io dovevo nel tempio dell'anima mia, offrirgli il mio primo sacrificio*».

«Sarai vergine e martire»

Nonostante l'altezza cui è stata chiamata, Maria sente tutti i limiti, le tentazioni, le debolezze del suo essere umano, la vanità, l'orgoglio, l'impurità... È radicata nell'amore a Cristo e certo non lo offende, ma per lei è un vero martirio. Il Padre Calage la rassicura: «Gesù stesso mi ha incaricato di dirglielo. Lei è graditissima a Gesù; è satana che la tormenta, fin dalla sua infanzia... La sua verginità non è un giglio comune, ma è il giglio di Gesù e di Maria, che essi, con immenso amore, hanno custodito... Quando salirà in cielo, vi porterà il giglio come una palma... Ella sarà tra le vergini martiri. Il suo giglio è il giglio tra le spine e le tentazioni saranno il suo martirio».

Finalmente, l'8 dicembre 1867, solennità dell'Immacolata, nella cappella delle Religiose del Sacro Cuore, Maria depone sotto il calice di P. Calage che celebra la S. Messa, la formula del suo voto perpetuo di verginità che ha scritto di suo pugno il giorno prima. Durante la S. Messa ella si consacra a Dio con voto per sempre.

Prima di iniziare la S. Messa, quel giorno, P. Calage accoglie l'abiura di una ragazza protestante, che poi battezza e ammette alla prima Comunione.

Una grande gioia inonda il cuore di Maria. Da sempre è appartenuta soltanto a Cristo, ma ora è stata inanellata da Lui. Gesù ha posto il velo sul suo cuore e presto lo porrà anche sul suo capo, così che tutti sapranno che ella è la sua sposa, in eterno.

Sente una grande solitudine, ma è la solitudine abitata dalla sua Presenza divina, dal suo Volto, e dal volto di tutti i fratelli che Egli le affida.

I suoi scritti esprimono la sua dedizione a Cristo con l'intensità dolce e forte della sposa che vuol coprire di gloria il suo unico amato, fino a perdersi per Lui, affinché Egli solo regni:

«*Non mi chiami più una secolare* - scrive - *Che brutto nome! Sto nel mondo con un piede solo, pronta ad alzarlo al primo segno di Colui cui appartengo nel tempo e nell'eternità*».

«*Ho la gioia della Comunione quotidiana, mi confesso ogni 15 giorni circa, ma vado più spesso dal Padre Calage per la direzione... Ogni settimana, passo il mio diario al Padre. Il Signore mi vuole sempre più convinta che è tutto Lui ad operare. Scopro in profondità l'abisso della mia impotenza... Vedo chiaramente la vita interiore che Gesù vuole da me: non abbandono un solo momento il posto d'amore che è il Tabernacolo! Rinnovo ad ogni ora questa unione; fare di Gesù l'Unico dei miei pensieri, dei miei affetti, della mia vita; spendermi continuamente e solo per la sua gloria; essere unicamente di Lui solo!*».

Nel 1868, anno di grandi grazie per lei, Maria, «sola con il Solo», lascia sgorgare dal suo cuore (e dalla sua penna) la sua unica aspirazione:

«*Io voglio che la mia vita sia un abbozzo di quella che Dio prepara ai suoi eletti. Non avere che un solo Amore: Gesù. Un solo desiderio: piacere a Lui e a Lui solo; consumarmi perché Egli viva in me; uno scopo solo: la sua gloria, l'estensione del regno del suo Cuore; una sola occupazione: farlo amare; una sola dimora: la Piaga del suo Cuore nel Tabernacolo. Non porre limiti all'amore! Disperare di me ed aspettarmi tutto da Lui*».

È giunta l'ora ed è questa: non vivere che per *Gesù solo*; per amarlo e per farlo amare, sulla via che Egli sta per aprirle, dove si compirà il suo sogno: la totale configurazione a Lui, l'irradiazione del suo Volto ai fratelli.

Un giorno alla «Servianne»

All'avvicinarsi della festa del Sacro Cuore, nel 1868, Maria sente il desiderio di offrirsi a Dio e di soffrire per Lui, con Gesù Crocifisso. Vuole riparare tutti i peccati del mondo, in particolare i sacrilegi e le offese all'Eucarestia, e accetta tutte le sofferenze che Dio permetterà per lei.

P. Calage approva: «Io prendo la sua anima per offrirla a Dio. Si consacri pure al Cuore di Gesù, come ostia con Lui. Io la offrirò nella S. Messa e il Signore farà il resto».

La festa del S. Cuore, Maria si offre così: «*Prenditi tutto, o divino Maestro; ma come puoi accontentarti del mio nulla? Tutto è tuo, il mio cuore, la mia anima, il mio corpo, la mia vita! Perché non possiedo mille vite da sacrificarti?*».

Ogni momento che passa, Maria sale più in alto, sempre più in alto, finché il suo dono sia perfetto e non resti davvero che Gesù solo: la sua vita tutta consumata per Lui, in Lui. È sempre più unita al suo Sposo - ogni giorno, come da un nuovo anello d'oro - fino a quando non permanga nell'*unum* assoluto.

Nell'agosto 1868, Egli sembra indicare a Maria, un luogo particolare per compiere il suo dono totale. La sua famiglia possiede da molto tempo, non lontano da Marsiglia, presso borgo S. Julien, una tenuta, chiamata «le Chateau de la Servianne», un agglomerato di caseggiati, di epoca e forma diverse, addossati gli uni agli altri, in modo bizzarro, con due torri merlate all'ingresso, quanto bastava per darle il nome di castello.

Un luogo incantevole: dalla piattaforma di roccia su cui sorge la costruzione, si apre una vallata ricca di olivi e campi di grano, cosparsa di piccole case bianche tra il verde cupo di macchie di pini... Accanto scorre il canale che porta a

Marsiglia le acque della Duranza... Dietro le colline, montagne brulle, senza vegetazione, battute dal sole. A sud-est, la roccia gigantesca su cui sorge la basilica di Notre Dame dela Garde, con la statua dorata della Madonna, *«la bonne Mère»* come la chiamano i marsigliesi, dei quali è patrona. Al di là, il Mediterraneo con le sue onde azzurre.

Un luogo familiare a Maria, da quando era bambina. Il 2 agosto 1868, festa della Madonna degli Angeli, ella va alla Servianne, dove si benedice una chiesetta che la sua famiglia ha voluto mettere a disposizione della gente. Prepara l'altare per la celebrazione della S. Messa cui partecipa con grande fede. Ma non può ricevere la Comunione perché manca la Particola consacrata. È costretta a ricevere la Comunione in città, alle dieci e trenta.

Il Padre Calage, quel giorno, alla «Servianne» le dice: «Le anime dell'Opera futura saranno come immerse nel sangue!». Maria aggiunge nel suo diario: *«Dio mio, che Tu sia un giorno glorificato in questo luogo! Chi sa se il Cuore di Gesù non prepara qualche cosa di speciale a questo angolo della terra? Questo pensiero già da tempo è sorto nell'anima mia».*

Presagio di quanto sarebbe capitato a Maria, proprio alla «Servianne»?

Intanto, ella si prepara, lasciandosi «lavorare» dentro da Gesù, anche per opera del «Padre»: «Oh me infelice! In me - scrive - ci sono due Marie... *Maria di Gesù,* beniamina di Dio, talvolta fervente e raccolta, pronta a tutto con il desiderio... E vi è la *Maria cattiva.* Ma che fare di lei?».

Il Padre Calage la incoraggia, la rassicura, la invita a immedesimare il suo io con l'Io di Gesù: «Ecco - le dice - quello che lei è; capace di mandare a male l'opera di Dio e null'altro! Se in lei vi è altra cosa, è l'*Io* divino, è il Signore che agisce e non già cosa sua o che venga da lei».

Presso la Madonna che piange

Nel settembre 1868, Maria va in pellegrinaggio a La Salette, dove il 19 settembre 1846 la Madonna si era mostrata piangente ai ragazzi Massimino Giraud e Melania Calvat, affidando loro un forte messaggio di conversione per il mondo. *Mademoiselle* indugia a lungo in preghiera, raccomandando alla Madonna se stessa, i suoi cari, l'Opera che ormai è certa di essere chiamata a iniziare.

«Mi sono recata al luogo dell'apparizione - racconta -. *Mio Dio, com'è commovente e come strazia vedere la Vergine che piange! Ho partecipato alla Messa, ho ricevuto la Comunione e, quando Gesù fu in me, mi presentai alla SS. Vergine con il suo divin Figlio, affinché non potesse rifiutare di ricevermi e di esaudirmi. Mi sono completamente abbandonata a Lei con tutte le anime destinate all'Opera futura, con tutte quelle che vi partecipano e vi parteciperanno attivamente o passivamente... Oh, quanto ho chiesto alla Madonna la mia trasformazione!».*

«Ho fatto una seconda stazione alla immagine mariana - aggiunge ancora - *nel luogo dove La Vergine rivelò i segreti ai due fanciulli... Ella vuole delle "anime offerte" che si frappongano, in unità con Gesù immolato, fra i delitti degli uomini e la giustizia di Dio. La Madonna mi ha fatto sentire che per il futuro Istituto, l'oblazione del Santo Sacrificio della Messa, l'offerta della Vittima divina immolata sull'altare, supplirà, in modo eccellentissimo, alle penitenze fisiche che certe persone non potrebbero sopportare».*

Al ritorno, passa da Grenoble, dove incontra il *Padre Silvain Giraud*, dei Missionari della Salette, autore del famoso libro *Sacerdote e Ostia*[2], prete esemplare, che era

---

2. *P. Silvain Giraud* (1830-1885), nato a Aix-en-Provence, è uno dei primi

informato del progetto di fondazione, non ancora riuscito, a Marsiglia, e in attesa che il P. Calage riprendesse l'idea... Maria gli apre la sua anima al riguardo e si sente incoraggiare: «Il Sacro Cuore la benedica e la confermi nella sua vocazione!».

Giunta a Marsiglia, Maria racconta quanto ha vissuto a La Salette al «Padre» che la invita a proseguire. In quei giorni, ella ha ricevuto cascate di luce sul sacerdozio di tutti i fedeli: se il sacerdote ordinato dal Vescovo ha potestà di consacrare, di offrire e di donare il Corpo e il Sangue di Gesù Cristo, è anche vero che ogni battezzato è chiamato da Dio ad unirsi alla medesima offerta, diventando, con Gesù sacerdote e ostia del sacrificio, «un'ostia viva, santa e gradita a Dio» (Rom, 12, 1).

L'unico e perfetto Sacrificio che dà gloria a Dio e salva l'umanità è quello di Gesù sul Calvario, ri-presentato continuamente su tutti gli altari della terra, nel sacrificio eucaristico della Messa: sul Calvario come sull'altare, è sempre Gesù, in stato di offerta al Padre e di dono agli uomini, sino alla fine del mondo. Ogni battezzato è chiamato a fare proprio il Sacrificio di Gesù, adorando con Lui il Padre e intercedendo per la salvezza di tutti i fratelli. È il sacerdozio comune, spirituale dei fedeli - che sarà così mirabilmente illustrato dal Concilio Vaticano II (*Lumen gentium,* 32-38).

Maria si sente - su questa linea - «un'anima sacerdotale» e lo sarà ancora di più con la fondazione cui guarda

---

Missionari della Congregazione della Salette, sorta dopo l'apparizione della Madonna, avvenuta il 19 settembre 1846. Scrisse le prime Costituzioni della sua Famiglia religiosa e ne fu Superiore generale. Predicatore, missionario, apostolo della vita consacrata, scrittore, il cui capolavoro è il libro *Sacerdote e Ostia* (Vita e pensiero, Milano, 1950).

— Si veda anche: M. Caterini, *La Salette. La Madre che piange,* Ed. La Salette, Torino, 1981.

sempre più da vicino: un'Opera che sarà eucaristica e «sacerdotale», spiritualmente sacerdotale.

«Mando il mio buon angelo - scrive il 22 settembre 1868 - *ad assistere tutti i sacerdoti al santo altare, e a porre la mia anima su tutte le patene, per poter essere offerta con Gesù immolato. Come mi sento attratta all'unione, all'altare!».*

«Specchi viventi di Gesù immolato»

Questa unione con Gesù offerto al Padre per gli uomini si realizza nel modo più alto, su questa terra, nella Comunione eucaristica, vera partecipazione al Sacrificio del Calvario e dell'altare.

Proprio dalla Comunione, Maria riceve, il 4 ottobre 1868, 1° venerdì del mese, luce più chiara sulla prossima fondazione: *«Dopo la S. Comunione* - annota - *avevo posto Gesù nell'anima mia, sopra l'altare del Cuore della Vergine Santissima... Nostro Signore mi ha spinta in modo speciale a offrirmi a Lui, per mezzo di Maria, affinché io diventi lo specchio della sua divina immolazione sull'altare. Ho fatto questo atto con grande fervore, pronta a soffrire quanto piacerà a Lui per riprodurre in me l'immagine del suo Sacrificio».*

Lui le fa intravvedere il futuro:

«Gesù mi diede su questo viva luce: le anime del futuro Istituto saranno specchi viventi di Gesù immolato... Esse riprodurranno l'immolazione di Gesù: mi pareva vedere, con gli occhi dell'anima il Padre celeste chinarsi verso una schiera di queste anime per cercare sulla terra il suo amatissimo Figlio. Il sacerdote innalza verso il Padre il suo Figlio fattosi Ostia, Sole splendente di luce divina, e tutte queste anime riflettono con incomparabile splendore quel Sole

divino, come specchi. Il Padre, vedendo altrettante immagini del Figlio suo, si slancia verso quegli specchi fedeli con la divina profusione del suo amore e della sua compiacenza».

Ha 27 anni, Maria, e agli occhi di chi la osserva, sembra non aver realizzato nulla: non si è sposata, non si è fatta monaca, è solo una ragazza di casa, che assiste i familiari, in mezzo a non poca sofferenza. Forse qualcuno, vedendola, si domanda: «Che fa la figlia dell'avvocato Deluil-Martiny? Che aspetta? Sembrava carica di tante promesse... Invece...».

Eppure, proprio in quel tempo oscuro, secondo il luccicore del mondo, Dio intesse con lei una storia segreta, carica di una sublime grandezza, di una incomparabile gioia, «che il mondo irride, ma che rapir non può»: *l'essere uno con Gesù, che si completa totalmente nel martirio e nella gloria, trascinando nella medesima attrazione di amore e di unità, una schiera innumerevole di creature.*

«Aggiungo ancora - scrive il 4 ottobre 1868 - *che le anime dell'Opera futura, essendo specchi viventi, sentiranno profondamente nella sofferenza e nell'immolazione, Gesù immolato che riproducono fedelmente. E Gesù soddisferà in loro quell'ardente desiderio che Egli ha di soffrire per la gloria del Padre suo e per la salvezza del mondo... Gesù vivrà e soffrirà in loro; tutto quello che è umano verrà assorbito e non rimarrà più che Gesù».*

«Maria di Gesù»

Quel medesimo 4 ottobre, il Padre Calage ha pregato Dio di parlare a Maria della sua missione... Quando ella gli porta il diario da leggere, il Padre vi trova scritto:

«O mio dolcissimo Gesù, unita con tutto il cuore a tua Madre sul Calvario, per mezzo suo e con Lei, io ti offro

alla SS. Trinità, su tutti gli altari del mondo, come purissima offerta che racchiude in sé ogni sacrificio e ogni omaggio. Offro le tue piaghe divine e tutto il tuo sangue sparso per noi, e specialmente la piaga del tuo Cuore, con il sangue e l'acqua che ne sgorgarono, le preziose lacrime di tua Madre.

Offro questo santissimo sacrificio in unione con tutte le anime che ti amano in cielo e sulla terra e con tutte le intenzioni del tuo Cuore divino, come un'ostia di espiazione e di impetrazione a favore dei tuoi sacerdoti e delle anime che Tu ti sei consacrato.

O Gesù, ricevimi ora dalle mani della Vergine santissima e con Te offrimi e immolami. Io, per mezzo suo, mi offro a Te, perché tu mi unisca alla tua immolazione incessante e perché soddisfi in me il desiderio ardente che Tu hai di soffrire per la gloria del Padre tuo e per la salvezza delle anime, specialmente per la santificazione dei sacerdoti e dei consacrati».

Appena ha terminato di leggere, questo atto di offerta, P. Calage risponde a Maria: «*Dio le affida una missione; finora non ho voluto dirle nulla, perché desideravo vedere se Egli l'avesse scelta davvero per questa missione: ora non c'è più dubbio possibile*».

Maria lo ascolta, senza impaurirsi, quando il Padre conclude: «*Gesù le ha dettato l'atto di offerta che lei ha fatto: mi spaventerebbe se fosse suo, ma viene da Dio. Il Signore la illuminerà ancora. Sia fedele: Egli richiede ora cose piccole, proporzionate alla sua debolezza, più tardi ne richiederà delle grandi. Ella soffrirà molto e diverrà un altro Gesù*».

Le risponde Maria: «*Questo atto di offerta è la mia Messa, il mio ringraziamento dopo la Comunione*». Chiede al Padre di poter fare voto di obbedienza alla Grazia di Dio. Il Padre glielo concede ed ella, il 1° venerdì di novembre

1868, pone il suo «atto» scritto sull'altare, sotto il calice, mentre il Padre celebra la Messa.

Lo ha firmato: *«Maria di Gesù, figlia del Cuore di Gesù»*.

È la prima volta che si firma così, come mossa da un'interiore ispirazione, dettatale dall'amore. D'ora in poi, si firmerà sempre così: *«Maria di Gesù»*.

Nella mente di Dio, nella sua obbedienza a Lui, ella è già fondatrice.

Sarà «Madre Maria di Gesù».

Le giovani donne che si raccoglieranno con lei, attorno allo Sposo divino, saranno *«Le Figlie del Cuore di Gesù»*.

6

«SEGNAMI CON IL TUO SIGILLO»

«Mademoiselle, scriva!»

Ormai Gesù ha arricchito Maria di tanta luce sull'Opera a cui la chiama: a piccoli e grandi fasci luminosi. Altrettanto, ha fatto con il Padre Calage. È giunto il momento di avere un quadro abbastanza completo, dipinto con questi fasci.

Un giorno, P. Calage ordina a Maria: «Mademoiselle, scriva, scriva tutto quello che sa». Nel segreto, egli già pensa a farle redigere le costituzioni del futuro Istituto. Maria vorrebbe sottrarsi, ma il Padre insiste: *«Ella ha una missione da compiere»*.

Il 27 febbraio 1869, comincia a scrivere le prime pagine del «disegno» dell'Opera... 15 anni dopo, l'avrebbe «completato» il disegno di Dio come Lui da tutta l'eternità, veniva preparando. Appena le pare di aver scritto tutto, consegna lo scritto al Padre, il quale legge e risponde: «Non è ancora tutto».

Il 9 marzo 1869, Maria gli consegna un secondo scritto. Lo legge Padre Calage e commenta: «Questa volta siamo giunti alla perfezione». Ha visto che il progetto è proprio quello voluto da Dio:

— *Il centro di tutto, anzi l'Unico, è il Cuore di Gesù con il suo amore infinito, traboccante.* A Lui solo, tutto l'Amore e la dedizione, la riparazione per le offese che riceve dall'umanità. Lui solo dovrà vivere in ognuna delle sue consacrate, suo prolungamento di umanità, di adorazione, di intercessione per il mondo.

— *Maria, Madre di Gesù e della Chiesa, nella sua vita dopo la morte e risurrezione del Figlio, è il modello e la via da seguire:* Maria che vive di Gesù, che lo adora e lo offre nel Sacrificio eucaristico, Maria che nutre la Chiesa, in primo luogo gli Apostoli del Figlio suo, i sacerdoti suoi continuatori e portatori della sua redenzione.

— *Così «le Figlie del Cuore di Gesù», come Maria, Vergine e Madre di Gesù:* vivranno per Lui solo, per il suo Cuore, Unico Amato; saranno «uno con Lui» nella medesima offerta al Padre, sul Calvario e nel Sacrificio dell'altare, nell'adorazione continua di Lui, e con Lui, del Padre, per tutta la Chiesa, in primo luogo per i sacerdoti...

— *Saranno così «ostie» - con Gesù, in Lui - cioé totalmente offerte, come Lui, sulla Croce e nell'Ostia del Sacrificio eucaristico...* Saranno, come la Madonna, nella casa di Giovanni, l'apostolo prediletto e sacerdote dell'amore, madri dei sacerdoti, perché li genereranno alla vita piena del Cristo, sommo ed eterno Sacerdote.

«Queste anime - scrive L. Laplace, primo biografo di Maria Deluil-Martiny - dovranno con la purezza della loro vita giungere a tale trasformazione in Gesù Cristo che Egli soffrirà in loro ciò che non può più soffrire che misticamente sull'altare. Esse consacreranno lo spirito, il cuore, il corpo, l'anima al Divin Salvatore, affinché Egli possa continuare in loro la sua immolazione in favore delle anime, la sua Passione sino alla fine dei secoli, a gloria del Padre e per la salvezza del mondo.

Gesù Cristo, sull'altare rende al Padre la massima gloria, ringrazia, ripara, impetra con infinita efficacia: così queste anime, unite a Gesù Vittima e alla Madonna, adempiranno tutti i doveri della creatura verso Dio Creatore e lo onoreranno per mezzo di Gesù Cristo, con Lui e in Lui, in spirito e verità, come il Padre richiede.

Essendo l'Eucarestia, il memoriale della Passione, le Figlie del Cuore di Gesù, nascoste, immolate, silenziose con l'Ostia santa, porteranno profondamente scolpite nella loro anima, in stato di offerta, le stimmate invisibili di Gesù Crocifisso, vivranno della memoria del Calvario, del Sangue del Figlio e delle lacrime della Madre.

Finalmente, Maria, nell'eccesso del suo dolore sul Calvario, ha generato il sacerdote nella persona di Giovanni, l'apostolo prediletto, e ne è diventata la guida e la madre. Le Figlie del Cuore di Gesù, offerte con Maria, saranno anch'esse le "ausiliarie" del sacerdote e faranno professione speciale di aiutarlo, con la preghiera e il sacrificio quotidiano, a raggiungere la sublimità della sua vocazione, e di attirare sul suo ministero la fecondità e la santità».

Questa la missione stupenda, affascinante, a cui Gesù ora chiama Maria Deluil-Martiny, con voce forte e sicura, come un giorno lontano, chiamò i suoi primi amici e, lungo i secoli, le sue «spose» a diventare sorelle e madri dei suoi apostoli.

«Le sette parole»

Ma non è ancora giunta la sua «ora». Maria deve attendere ancora a lungo per realizzare la chiamata divina. Dio però l'accontenta, permettendo che la sofferenza si abbatta su di lei, come sul Figlio suo in croce.

Il suo papà, l'avvocato Paolo Deluil-Martiny, con la sua solita generosità, da qualche tempo, ha messo denaro e prestigio a servizio di chi aveva bisogno, con grande fiducia in chi era ricorso a lui. Ma la sua fiducia è stata tradita e ha perso gran parte del suo patrimonio. Lotta in tribunale per riavere il suo, ma perde la causa. È un grave dissesto che si abbatte sulla sua famiglia. È chiesto a tutti, in casa, un tenore di vita molto più modesto. Maria accetta, senza lamentarsi, anzi incoraggiando i familiari all'abbandono in Dio, che vede e provvede.

La sua mamma è sempre più fragile. Il fratello Giulio e la sorella Amelia sono ammalati e le cure sembrano servire a nulla. Maria si fa, non solo l'infermiera di tutti, ma il sostegno, l'unico sostegno, quasi la seconda mamma della sua famiglia, tanto provata. Anch'ella è solo una creatura umana, eppure tutti in casa - e molti fuori - si appoggiano a lei, alle sue spalle, sul suo cuore che sa solo amare e donare.

Soffre e non le manca mai il patire. E si associa alla Passione di Gesù, «vittima» di obbedienza e di amore con Lui. Non smette di lavorare come ha sempre fatto, per il suo trionfo, con la preghiera, la sofferenza e le sue iniziative apostoliche. Contemplativa e attiva, in modo singolare.

E attende. Alcuni giorni dopo aver dato al P. Calage il «progetto», una mattina, ricevuta la Comunione, Maria intuisce che le Figlie del Cuore di Gesù, dovranno dire diverse volte durante il giorno, le *«ultime parole»* pronunciate da Gesù sulla croce. Lo comunica al «Padre» che le risponde: «È una di quelle idee che mancavano nel suo scritto e che il Signore ora le dona... Già da tempo io sapevo che doveva essere questa una delle principali pratiche dell'Opera futura... La recita delle "sette parole" sia il respiro della sua anima e così sarà sempre gradita al Signore. Una sola "parola" bastò a creare l'universo e Gesù ne disse sette durante il grande sacrificio del Calvario, con il quale ci ha redenti. Sono sette parole che redimono e creano la santità delle nostre anime. Il sangue di Gesù scorreva mentre le pronunciava: noi non sapremmo far meglio che pronunciarle offrendo al Padre il suo preziosissimo Sangue».

Qualche tempo dopo, Maria, d'accordo con il Padre, stabilisce che nel futuro Istituto si canterà più volte al giorno, il *Magnificat,* per lodare Dio con la Madonna, per aver dato al mondo Gesù Redentore: «*L'anima mia magnifica il Signore e il mio spirito esulta in Dio, mio Salvatore*» (Lc, 1, 47), «Dio salvatore» non è forse il Figlio suo Gesù? Non c'è dubbio alcuno, per cui sulle labbra della Vergine e di ogni anima consacrata, potremmo ascoltare, con gioia ineffabile: «... *il mio spirito esulta in Dio, mio Gesù...*».

È la stessa gioia - di accogliere e donare Gesù - che inonda, pur tra le sofferenze, Maria nel suo cammino, nell'attesa che tutto si compia, nell'«ora» che Dio ha fissato. Come per affrettarla, continua a chiedere preghiere alla Visitazione di Bourg, in uno scambio intenso di corrispondenza con suor Maria del Sacro Cuore. Non le mancano le tentazioni di satana, la paura di non essere all'altezza del compito che vede ormai chiaramente.

La festa del Corpus Domini 1869, Maria partecipa alla processione solenne: Gesù eucaristico è portato in trionfo per le vie di Marsiglia. «*Quando il Santissimo Sacramento - scrive nel suo diario - passò innanzi a me, durante la processione, Egli mi ispirò a dirgli: "Mio Dio, segnami con il sigillo della vittima e prendimi in quel modo che più ti piacerà". Gesù sembrò rispondermi sommessamente: "Ogni consolazione è una profanazione per chi è segnato da quel sigillo, salvo che Dio lo voglia...". Allora sacrificai a Lui quanto mi sta più a cuore, anche le mie più care amiche*».

Primo germoglio

Il diario di Maria in questo periodo trabocca del colloquio che intrattiene con Gesù: pagine ardenti, luminose, di una ricchezza incomparabile:

«*Andare direttamente a Gesù... pensare ai suoi intimi dolori, alla sua gloria, ai suoi interessi, prima di tutto e sopra ogni cosa... Occuparsi di Lui, in una parola Lui! Lui! e questo Nome dice tutto: vorrei infiammarne i cuori. La mia salvezza, la nostra salvezza, noi dobbiamo desiderarla, è vero: ma dobbiamo affidarla alla sua tenerezza, e unico affare nostro sarà la sua gloria, il suo regno, i suoi interessi. Mi rapisce quella parola di Gesù a una sua prediletta: "Occupati delle cose mie e Io mi occuperò delle tue"*».

Ecco allora Maria pensare alla sua Opera, meglio all'«Opera di Gesù»: «*Ho avuto in mente il sentimento della larga parte che deve avere il Cuore di Gesù nell'Opera futura: tutto deve collegarsi a questo Centro divino; per strappare un'immensa grazia in favore dei sacerdoti, i prediletti suoi, dobbiamo battere direttamente al suo Cuore. Il più "sublime" del sacrificio di Gesù come Sacerdote e Vittima si compì nel suo cuore; in esso l'amore ha preparato il sacrificio che l'amore stesso ha offerto; in esso infine l'amore ha offerto e immolato se stesso».*

È diventata un'«*anima sacerdotale*», Maria, e non ha che un desiderio solo, un unico orizzonte ormai, ma è largo quanto il mondo, anzi fonde in uno il Cielo e la terra: «*Offrire Gesù-Ostia! Essere offerta, immolata con Lui*». scrive, con una profondità teologica da stupire:

«*Gesù mi ha fatto scoprire lo scambio sublime che di continuo avviene tra la Trinità divina e l'anima sacerdotale. O Padre santo, fra i doni che Tu hai dato, ti offriamo Gesù, Ostia Pura, Ostia santa... Non potevi darmi né puoi ricevere di più, perché in Gesù Cristo c'è ogni pienezza di grazia*».

«*Tu mi hai amata con amore infinito, sino a darmi Gesù Cristo, e io ti restituisco un amore infinito, perché ti amo con il Cuore stesso di Gesù Cristo. Per Lui, con Lui e in Lui, ti offro un dono pari a Te stesso, ti do la gloria che conviene alla tua maestà*».

«*In questo modo, la vita dell'anima sacerdotale si compendia in due parole: perpetua comunione, perpetua offerta; essa riceve continuamente Gesù Cristo e continuamente lo offre alla Trinità; lo offre e si offre con Lui per riceverlo ancora*».

«*Oh regale sacerdozio di tutti i cristiani! o sacro ministero delle sorelle del futuro Istituto!... Ancora non esiste, a quel grado sublime a cui Dio vuole assumerlo, un ordine animato da questo spirito: è lo spirito sacerdotale, continua oblazione di Gesù immolato e continua immolazione di sé medesimi*».

«*Ad ogni ora, Gesù Cristo s'immola sull'altare, si offre e vuole essere da noi offerto. Ma non solo dobbiamo offrire Gesù Cristo, dobbiamo ancora offrirci, lasciarci immolare con Lui continuamente, compiere quanto manca alla sua Passione*».

Animata da questo «spirito», l'8 dicembre 1869, nella cappella delle Religiose del Sacro Cuore, mentre il P. Calage celebra la S. Messa, Maria con un gruppo di «sorelle», dà vita ad un'associazione spirituale che già vive con questo stile. Vuole essere il primo germoglio della fondazione «sacerdotale», che ella attende e invoca da Dio.

Un prelato del Belgio

Quel giorno, 8 dicembre 1869, solennità dell'Immacolata, a Roma Papa Pio IX, con 700 vescovi provenienti da tutto il mondo, apre il Concilio Vaticano I.

Nell'indire il Concilio, Pio IX si proponeva di rispondere con la luce di Cristo e la potenza della sua Redenzione alla marea di problemi gravissimi del tempo: «La crescente laicizzazione, la diffusione di sistemi filosofici in netto contrasto con la Fede Cattolica, il persistente giurisdizionalismo di molti stati, diffuso spesso con il nome di "separazione di Chiesa e di Stato, il duro attacco ai religiosi, la laicizzazione della scuola e della famiglia con il matrimonio civile, tutto questo esigeva una seria riflessione teologica e pastorale e imponeva una risposta teorica e pratica. Come affrontare il nuovo mondo, nato in sostanza dall'illuminismo che faceva dell'uomo legge assoluta per se stesso, l'uomo come dio per l'uomo?" Il nuovo Concilio intendeva dare la risposta della Chiesa a questa "rivoluzione"»[1].

Maria, così attenta alla vita della Chiesa e del sacerdozio cattolico, tutta rapita dal fuoco di consumarsi per Gesù e per la Chiesa che è il suo mistico Corpo, segue lo svolgersi del Concilio leggendo dai giornali, parlando con il Padre

---

1. G.P. Salvini, in: *Civiltà Cattolica,* 3385, 6 luglio 1991.

Calage e con coloro che avvicina, soprattutto pregando e offrendo la sua sofferenza, in unità con Gesù-Ostia.

Le prove in famiglia - il dissesto finanziario del padre, l'aggravarsi della malattia di Giulio e di Amelia - non le mancano. Eppure, proprio in quei mesi tanto difficili, le giunge una grande gioia. Suor Maria del Sacro Cuore, della Visitazione di Bourg, la mette in contatto con un dotto ed esemplare prelato del Belgio, *Mons. Van den Berghe*.

Monsignore condivide il progetto di fondazione che anima Maria. Ella lo invita a Marsiglia: Mons. Van den Berghe vi giunge nell'aprile 1870 ed ascolta, sempre più entusiasta, *mademoiselle* Deluil-Martiny e Padre Calage. Maria comprende che il prelato l'avrebbe aiutata nella sua Opera, in modo singolare. Ne nasce un fitto scambio di corrispondenza: «*Come una sposa che si adorna per il suo Sposo* - gli scrive Maria - *la Chiesa procede lungo i secoli verso la perfezione dell'eternità: essa si arricchirà di sempre nuovi gioielli fino al giorno delle sue nozze eterne... Il primo seme di queste anime elette* (il suo Istituto) *è stato gettato... Ecco il nuovo passo che il Signore desidera far compiere alle anime che Egli ha scelto; bisogna che esse entrino nella città di Dio, attraverso il Cuore di Gesù, la sua divina Ferita. Là sarà la loro dimora, il loro riposo; là... comprenderanno i più teneri segreti dell'amore, l'Eucarestia, la Chiesa, la sua divina gelosia per i sacerdoti e i consacrati. Gesù prepara una falange eletta alla quale darà per dimora il suo Cuore ferito, per modello il suo Cuore e quello di sua Madre...*» (8 febbraio 1870).

Mons. Van den Berghe organizza in Belgio la medesima associazione di sorelle che Maria ha iniziato a Marsiglia, l'8 dicembre precedente. Diverse giovani si stanno preparando a entrare nell'Opera che non dovrebbe più tardare a nascere. Da Marsiglia, in qualche modo, Maria ne è già la guida.

Intanto a Roma, il Concilio continua: in quel tempo di contrasti causati dai negatori di Dio, il Papa vilipeso dai nemici della fede, appare sempre di più come la Guida voluta da Cristo, affinché i suoi non abbiano a perdersi nell'errore e nel nulla. Matura il momento in cui si fa più evidente l'infallibilità del Papa, quando parla come maestro della Fede e della vita cristiana. Pio IX e i Padri del Concilio ne preparano la definizione dogmatica.

«Nonostante i satanici sforzi dell'inferno - scrive Maria, il 6 giugno 1870 - *il Concilio va avanti benissimo; la maggioranza dei Padri... ha chiuso la discussione generale. La Provvidenza veglia e sperano di proclamare il dogma dell'infallibilità per la festa di S. Pietro. Bisogna intensificare le preghiere».*

In quei giorni, a Marsiglia - come in numerose città e paesi d'Europa e del mondo - dilaga un grande entusiasmo per il Papa. I cattolici, in grande numero, aderiscono alle sottoscrizioni affermando la loro fede nell'infallibilità del Papa, «la roccia su cui Cristo ha costruito la Chiesa, contro la quale neppure l'inferno potrà prevalere» (Mt, 16, 17-19). Papà Paolo Deluil-Martiny - e Maria con lui - si fa promotore di una sottoscrizione e raccoglie duemila firme. Pio IX, da Roma, risponde ai cattolici marsigliesi con un «Breve» di lode.

Quando il 18 luglio 1870, proclama finalmente il dogma dell'infallibilità, Maria esulta felice.

Sconfitta e rivoluzione

Dopo l'incontro con Mons. Van den Berghe, a Maria era sembrata vicina l'ora della fondazione, ma la Francia è travolta dalla guerra contro la Prussia. È l'estate del 1870:

Napoleone III, imperatore dei francesi, è sconfitto a Sedan e fatto prigioniero dai prussiani di Bismark. In seguito al crollo di Napoleone III, il 4 settembre 1870, il popolo di Parigi insorge, dichiara decaduta la dinastia dei Bonaparte e instaura la repubblica. La guerra continua contro i prussiani, fino a quando Parigi, nel gennaio 1871, stremata dall'assedio e dalla fame, è costretta a capitolare.

Il 18 gennaio 1871, proprio a Versailles, come segno dell'umiliazione imposta dai vincitori, Guglielmo I di Prussia e il Cancelliere Bismark proclamano la nascita dell'impero tedesco. L'assemblea e il governo francese eletti, con cui i tedeschi possano trattare e meglio imporre la resa, si radunano a Bordeaux con a capo il vecchio Thiers, che non aveva voluto la guerra contro la Prussia e al quale ora tocca, il 28 maggio 1871, firmare la pace con il vittorioso Bismark a condizioni durissime.

Intanto, esasperati dal lungo assedio, umiliati dalle condizioni della pace, duramente colpiti dalla crisi economica, dalla disoccupazione e dalla fame, numerosi parigini, ancora in possesso delle armi di cui si erano serviti contro i prussiani, si ribellano a Thiers e all'assemblea: Il 18 marzo 1871 alzano le barricate, scacciano le truppe regolari del governo e organizzano *la Comune*, cui partecipano giacobini, socialisti, comunisti, radicali, accomunati in gran parte dall'odio contro la Chiesa. Basta ricordare che i «comunardi» cantavano che «Dio non esiste e se esistesse bisognerebbe fucilarlo».

Dall'una e dall'altra parte, avvengono numerosi episodi di crudeltà e di efferatezza. Sono gettati in carcere, dagli insorti della «Comune», parecchie centinaia di sventurati, tra cui più di un centinaio di preti. Il giovedì 24 maggio 1871, verso le sette di sera, nella prigione parigina della Roquette, sei uomini, tra i prigionieri, vengono estratti dalle loro celle, condotti all'estremità del secondo camminamento di ronda, allineati contro il muro e fucilati. Sono un laico, il presidente della Corte di Cassazione Bonjean, e cinque preti, i Padri Gesuiti Clerc e Decoudray, il cappellano militare Allard, il parroco della Madeleine, Deguerry e l'Arcivescovo di Parigi Mons. Darboy.

Poco prima della fucilazione, Mons. Darboy afferma con uno dei suoi confratelli, candidati con lui alla morte: *«Non ci uccidono perché io sono il signor Darboy e voi il signor tal dei tali, ma perché io sono Arcivescovo e voi un prete: saremo immolati per il nostro carattere di religiosi, la nostra morte è dunque un martirio!»*. Nello stesso mese di maggio vengono uccisi 54 preti[2].

Nel giugno 1871, la «Comune» si conclude sotto i colpi dell'esercito regolare. È nata la *«troisième repubblique»* (la terza repubblica) ancora una volta dal sangue.

Anche nelle altre città della Francia, la rivolta era dilagata, fin dal settembre 1870. A Marsiglia, caduta in mano ad amministratori rivoluzionari, era sorta una guardia civica composta da individui senza principi e senza fede, che teneva la città in continua agitazione. Il suo primo atto è il saccheggio della sede dei Gesuiti.

In mezzo alla bufera

Il 25 settembre 1870, i rivoluzionari invadono la loro casa e arrestano tutti i Padri, tra i quali il P. Calage: per tutta la notte, ammanettati e ammassati nel parlatorio, sono esposti agli insulti e alle brutalità di quelle canaglie. «È l'ora in

---

2. H.D. Rops, *Storia della Chiesa*, vol. VI+tomo 2, Marietti, Torino, 1969, p. 109.
— F. Moroni, *Corso di storia,* vol. III, SEI, Torino, 1959.

cui il vostro Cristo venga a liberarvi - gridano quelli ai Gesuiti - e a togliervi dalle nostre mani».

Uno urla al P. Calage: «Se tu sapessi quanto ti odio!» E lui: «Se lei sapesse quanto l'amo». «Io non voglio il tuo amore, voglio il tuo sangue!». - «Perché odiarmi se lei non mi conosce neppure?». «Ma io conosco il tuo Dio che tu predichi e io lo odio».

Sono trascinati in carcere. A Marsiglia, per tre giorni, non si hanno più notizie dei Gesuiti, neppure del luogo della loro detenzione. Finalmente, il 29 settembre, due coraggiosi, Caseneuve e Bergasse, possono avvicinare il P. Calage e rendersi conto della situazione dei Gesuiti. Avvisano la famiglia Deluil-Martiny: quel giorno stesso, Maria, sfidando le vie in tumulto, esce di casa e procura il necessario per i Padri, che soffrono a causa di Cristo.

L'indomani, l'avvocato Deluil-Martiny si reca a visitare P. Calage e confratelli in carcere e promette loro di far l'impossibile per liberarli. Va in prefettura e presenta una domanda dopo l'altra, accompagnate da energiche proteste, per la loro liberazione.

Il 10 ottobre, esce il decreto che scaccia i Gesuiti da Marsiglia. Monsieur Deluil-Martiny non si arrende: spedisce ripetuti telegrammi al governo e chiede l'intervento di tutte le autorità civili e religiose. Mentre la sua casa si riempie di ogni aiuto per i Gesuiti, il 16 ottobre, un altro decreto libera i religiosi.

Nel cuore della notte, l'avvocato va a comunicare loro la buona notizia. Il Padre Calage, appena uscito, viene ospitato in casa Deluil-Martiny, dove immediatamente celebra la S. Messa, che da tre settimane non aveva più potuto celebrare. Al momento della Comunione, dice alla piccola assemblea familiare raccolta attorno a lui: «*Non posso esprimere meglio il mio grazie per quanto avete fatto per noi religiosi, in questi giorni di prova, che donandovi Gesù, come l'ho offerto in ringraziamento al Padre».*

Per otto mesi, P. Calage rimane ospite della famiglia amica, risiedendo un pò a Marsiglia e un pò alla Servianne, per motivi di sicurezza. Ogni giorno, celebra la S. Messa e Maria vi partecipa con una gioia indicibile, anche se soffre terribilmente per le notizie tristissime che giungono da Parigi e da Roma. La Francia è umiliata, come abbiamo narrato, e anche il Papa Pio IX, dal 20 settembre 1870 è stato privato della sua città e del suo stato, beffeggiato, segnato come un nemico da abbattere. Maria prega e offre - con Gesù - per la Chiesa e per la Francia.

La sua famiglia sopporta dolori gravissimi: peggiorano le condizioni di salute di Giulio e di Amelia, la mamma è colpita da reumatismi acuti, Maria stessa, per una brutta caduta, è bloccata, all'inizio del 1871, alcuni giorni a letto. Davvero appare come una giovane donna in mezzo alla bufera, che sfida tutto.

Pur così fragile e dolente, spinge il papà a rimettersi in campo per la Chiesa. L'avvocato raduna il comitato degli ex-alunni dei Gesuiti e agisce presso il governo di Bordeaux affinché sia restituita la casa ai Padri. Il 15 marzo 1871, essi possono rientrare nella loro sede, ma vi trovano tutto saccheggiato. Maria apre una sottoscrizione tra i numerosi amici e in breve raccoglie il denaro occorrente ad arredare di nuovo la loro abitazione. Suo padre, con una brillante arringa davanti alle autorità, ottiene che sia pagata ai Gesuiti una forte indennità per i danni loro causati in settembre dai rivoluzionari.

Proprio alla fine di marzo, Marsiglia è ancora macchiata di sangue: l'esercito distrugge le barricate costruite dai rivoluzionari e prende d'assalto la prefettura dove quelli si sono rifugiati. C'è da avere paura, in mezzo a fatti così sconvolgenti, da nascondersi al sicuro... Eppure, Maria è in prima linea per la sua Chiesa e per il sacerdozio, per Gesù[3].

Forte come una sfida

In quei giorni di sofferenza per la Francia e per la Chiesa, Maria scrive: «*O mia Patria diletta! I nostri cuori di cristiani e di francesi sono spezzati: mai avemmo dolore più grande! Speriamo che l'aiuto potente di Maria, la santissima Vergine, Regina della Francia e della Chiesa, ci permetta di dire quanto prima: mai ci fu simile trionfo! Com'è amaro e dolce, ad un tempo sentire Roma e la Francia sferzate insieme dalla prova! Se noi sapremo pregare e soffrire, esse saranno unite anche nel trionfo: la Chiesa più bella di prima e la Francia rinvigorita dal dolore e ritornata cristiana*» (10 nov. 1870).

Ha chiesto, Maria, a Gesù eucaristico, portato per le vie di Marsiglia di segnarla come vittima. Lo è, da quando ha scoperto la meraviglia ineffabile di Cristo Crocifisso, immolato al Padre per la salvezza dell'umanità. Ancora di più è vittima ora per la Francia e per la Chiesa: con la preghiera e con il dolore, con l'azione così coraggiosa da stupire, su diversi fronti, anche in mezzo ai persecutori, ribelle al mondo dell'indifferenza e della negazione, per amore a Cristo.

All'inizio dell'estate 1871, dopo tante rovine e sangue, la pace sembra ritornare a Marsiglia, in Francia... Molti sentono l'urgenza di riavvicinarsi a Dio. Giunge così la festa del Sacro Cuore di Gesù, per la quale il consiglio comunale di Marsiglia dal 1720 suole, per un voto, portare, durante la

---

3. L. Laplace, *op. cit.*, p. 137 e seguenti.

celebrazione della S. Messa, un grande cero alla immagine del Redentore nella chiesa della Visitazione. Ma per la festa del 1871, il sindaco in carica si rifiuta.

Per supplirvi, i cattolici marsigliesi fondano un comitato di cui eleggono presidente l'avvocato Deluil-Martiny: a lui sarebbe toccato portare il cero a Gesù, al posto del sindaco. Ma è un rischio grosso: appena si divulga la notizia, l'avvocato riceve lettere di minaccia... Nel momento in cui sta per recarsi in chiesa, un amico l'avverte che alcuni facinorosi hanno preparato un attentato. Lui, però, non si impaurisce: per rispondere a «quelli», sale sulla vettura scoperta e parte per la chiesa della Visitazione. La figlia Maria sale con lui: e la segue subito Amelia, benché inferma, allo stesso posto.

La vettura passa in mezzo alle vie tra tanta gente. Non mancano - forse sono lì a beffarsi dei cattolici - quelli che avrebbero potuto far loro del male. Maria non li teme e neppure suo padre e sua sorella. È una sfida, una dichiarazione di libertà e di amore che nessuno può fermare. Dovrà cadere sotto i loro colpi? Cadrà e sarà a causa di Cristo!

Ma nessuno osa «toccare» *monsieur* Deluil-Martiny e le figlie. La festa, in onore del Cuore di Gesù, riesce splendida: vi partecipano il buon popolo della città e numerosi magistrati, ufficiali, uomini illustri; molti ricevono la Comunione eucaristica. La sfida si trasforma in un trionfo di Gesù, Re di amore.

Alcuni giorni dopo, Maria si adopera con ardore a preparare la celebrazione di una solenne Messa funebre in suffragio delle vittime della «Comune» di Parigi. Si merita tanti elogi che ne arrossisce. Ella cerca solo Lui: «*O desiderio che mi brucia e consuma! - annota - Vorrei avere mille vite da offrire per la sua gloria!*».

7

«SIAMO IN PORTO!»

Giovane donna

Ed ora vien voglia di guardarla, Maria, nel suo bel volto di trentenne: non è sola - perché «*non è bene che alcuno sia solo*» (Gen, 2, 18) - ha uno Sposo, il più bello, il più grande, il più meraviglioso che ci sia: Gesù. Il 28 maggio 1871, ha compiuto 30 anni: ha lo sguardo appassionato, gli occhi intensi, che «*vedono*» l'Unico che ama.

Vorremmo tracciarne il ritratto, ma, temendo di guastarne i lineamenti, preferiamo ascoltare Maria, che scrivendo a Mons. Van den Berghe proprio in quei giorni, senza volerlo, si rivela nel suo «centro», là dove solo Dio vede e comprende.

Ha letto da poco il libro «*L'abbandono alla Provvidenza divina*» del P. De Caussade, ristampato a cura del P. Ramière, uno dei primi promotori, con il P. Gautrelet, dell'Apostolato della preghiera. Maria sa che il vertice della perfezione è «*l'abbandono in Dio*» e da anni vive ormai «abbandonata a Lui», «*offerta*» nelle sue mani: non vuole essere che «*vittima*».

Può far paura tutto questo? Solo, se non se ne conosce il significato, mentre è esperienza di vita piena, di gioia che nessuno può rapire. È il ritratto splendido di Maria, giovane donna «trapassata» dalla Verità e dall'Amore che è soltanto Cristo.

«*L'esperienza* - scrive - *ha insegnato che le anime elette* (ella lo è!) *sono portate all'abbandono*». Che cos'è l'abbandono?

Spiega Maria:

«*Morire e lasciare vivere Gesù; lasciarlo talmente Maestro, fonderci in Lui al punto che egli sia libero di agire in noi e che, in noi, Egli ami, adori, glorifichi il Padre suo celeste, come lo desidera. È Gesù allora che diventa l'anima della nostra anima... si che può dire: "Non sono più io che vivo, ma è Gesù che vive in me"* (Gal, 2, 20), *che prega in me e che, in me, è tutto me stessa. "Per me, vivere è Cristo"* (Fil, 1, 21).

Cristo opera, vive e regna e l'anima aderisce continuamente a questa azione, a questa vita, a questo regno; si fonde e si inabissa per amore di Colui che ama; è come una comunione perpetua che prolunga misticamente nell'anima l'unione reale operata dalla Comunione sacramentale. È una partecipazione all'eterno Amen del Cielo.

Non è che l'anima dorma: essa agisce, lavora e la linfa divina vivifica l'azione; si lascia trasportare sulle onde del divino volere e, in realtà, può dire: "Cristo, che dimora in me, compie la sua opera"».

Maria è questa giovane donna immedesimata, sempre più «uno» con Gesù.

Gesù, però, è l'Offerto al Padre per eccellenza, è la Vittima sacrificale per la salvezza del mondo. Dunque, essere Gesù, è essere vittima: sul Calvario e sull'altare, dove Egli continuamente rende presente il suo Sacrificio:

«Tutte le anime donatesi in maniera così piena - continua a scrivere Maria nella medesima lettera - *diventano vittime perché Gesù unendosi ad esse, le tratta come ha trattato la sua santa umanità. Le immola con Lui, per "completare in loro ciò che manca alla sua Passione"* (Col, 1, 24)*, per farne altri Cristi a gloria del Padre: "Il cristiano è un altro-Cristo".*

Senza dubbio, è per questo che tali anime hanno la speciale attrattiva sia di offrire costantemente Gesù al Padre, che di unirsi al Sacrificio eucaristico. Gesù discende in ogni momento sulla terra quale dono sublime del Padre celeste e, nello stesso tempo, offerto dal Sacerdote, è come ridonato all'adorabile Trinità. Gesù allora trascina con sé, nel seno del Padre suo, le anime che gli appartengono totalmente, offrendole immolate con Lui».

Maria si offre «sull'altare», nel sacro Calice, «trascinata» da Gesù nel seno del Padre, fatta «cibo» per tutti i fratelli, in primo luogo per i sacerdoti. *Non è il compito di Gesù eucaristico quello di nutrire le anime? È anche il compito di Maria: farsi olocausto, farsi alimento.*

Sta per cominciare una stupenda avventura: attraverso di lei, Gesù trascina con sé, nella medesima attrazione d'amore, altre sorelle, fatte per lui spose, per noi «madri».

Tutto comincia

A tutti i credenti in Lui, Gesù chiede il «sì» più pieno e totale. A qualcuno - a quelli che Egli sceglie, per un privilegio d'amore - anche un «sì» di sangue, che assimila a Lui, l'Agnello immolato, il cui sangue sparso salva l'umanità.

Maria è tra questi «privilegiati» - già lo sappiamo. Nella seconda metà del 1871, Amelia, inferma, è mandata dai medici, che così sperano di guarirla, alla «Servianne», dove l'aria è più salubre. Così Maria è costretta a farsi in due, seguendo la mamma, sempre sofferente, a Marsiglia, e recandosi di continuo nella casa di campagna, dalla sorella. Giulio è incapace di aiutarla per la sua salute ancora più precaria. Il padre è abbattuto dal dolore.

Il 10 gennaio 1872, Giulio muore. Amelia, ritornata a Marsiglia, si spegne poche settimane dopo, il 25 febbraio 1872, dopo aver detto al Padre Calage che l'assisteva: «*Il patire passa, ma l'aver patito resta. Ella offre ogni giorno Gesù sull'altare. Non lasci di offrire anche me, come una piccola vittima unita a Lui, immolata con Lui*». E sul suo viso emaciato dalle sofferenze, è rimasto il sorriso più bello come di chi va incontro all'Amore.

Nella grande casa di Marsiglia, dalle camere vuote, dove tutto le parla dei suoi cari perduti e ogni porta le ricorda una bara che è uscita, Maria rimane sola, con una madre sempre sofferente e un padre dalle energie affrante dai lutti e dalle disgrazie che sappiamo. È l'unico loro appoggio. La sua posizione si fa ancora più difficile: come potrà mai lasciare i suoi cari, ora che al mondo hanno solo lei? Come sarà fondatrice di una grande Opera?

Sembra tutto finito ormai, e che le resti solo il compito, ogni giorno più gravoso, di assistere i suoi genitori negli ultimi anni di vita, in un mondo che è stato per loro soltanto una valle di lacrime, nonostante la ricchezza e il prestigio. *Tutto finito, dunque?*

Tutt'altro: proprio adesso, tutto comincia, come in una nuova primavera germogliata dalle lacrime e dal sangue.

In Belgio, Mons. Van den Berghe ha comunicato ad altre il fuoco acceso da Maria Deluil-Martiny: c'è già un gruppo di «sorelle» che non chiedono altro che di radunarsi attorno a Gesù, insieme a colei che, pur non conoscendola di persona, già considerano madre e guida: Maria di Marsiglia.

Crede sia giunta l'ora di iniziare: Monsignore va a Roma dal Papa Pio IX a chiedere la benedizione per il nascente Istituto. Il Papa, al corrente delle difficoltà per la Chiesa e per il sacerdozio, consapevole che in Francia alcuni preti hanno tradito la loro missione, ascolta Mons. Van den Berghe che propone un'Opera per il sacerdozio, accetta e benedice. Anzi, il 14 marzo 1872, redige un «*Breve*» che è come una chiamata ad un dono grandissimo a Dio, alla Chiesa, al sacerdozio.

Mons. Van den Berghe, al ritorno, passa da Marsiglia dove fa leggere il documento pontificio a Maria, la quale rimane profondamente scossa: il Papa approvava l'Istituto, prima che nascesse. Ma non ne è vinta, e si domanda: «*Tocca proprio a me fondarlo? E i miei genitori, soli, sofferenti, bisognosi di me?*». È convinta che si debba cercare un'altra fondatrice. Padre Calage la incoraggia: «Questa è proprio lei!»

Maria tuttavia promette a Monsignore che presto sarebbe andata in Belgio per conoscere quelle giovani donne, da lui guidate, che si propongono di far parte del nuovo Istituto.

Viaggio in Belgio

Ai primi di settembre 1872, Maria, senza rivelare ancora nulla del progetto, ai suoi, parte per Bruxelles dove l'attendono in molti, prima di tutto Mons. Van den Berghe. Porta con sé i genitori, che nel viaggio, hanno l'occasione di distrarsi e di rasserenarsi un pò.

A Bruxelles, l'illustre Prelato riceve con gioia grandissima la famiglia Deluil-Martiny e l'ospita per un mese nella sua casa. Fa incontrare a Maria le prime che già si preparano a entrare nel suo Istituto, fra le quali due creature eccezionali: Elisa Gréban de Saint-Germain e la signorina Janssen... È il 15 settembre 1872; tra Maria e quelle nasce subito un'intesa profondissima, come se si fossero conosciute da sempre.

«Mi hanno imposto - scriverà - *di essere per loro come una piccola Madre».*

Le chiedono, al momento del commiato, di benedirla. Maria non sa come fare e si toglie d'imbarazzo, tracciando sulle loro fronti una piccola croce. Già comincia la sua direzione spirituale verso di loro. L'indomani stesso, da Bruxelles, scrive a Elisa, che è una creatura speciale, chiamata a soffrire e a offrire:

«Sacrificarsi per le anime è cosa bella e grande... ma consacrarsi alla maggior gloria di Dio nelle anime dei sacerdoti è così grande e bello che bisognerebbe avere mille vite da consumare... Tutto il suo essere sia supplica e olocausto gradito al Cuore di Gesù per strappargli piogge di grazie sui sacerdoti» (16 settembre 1872).

La domenica successiva, Elisa torna a parlare con Maria. È uno scambio intenso di anime. Maria le scrive: *«Il Tabor fu un momento nella vita di Gesù, mentre la passione intima, sconosciuta, schiacciante, martirizzante del suo cuore, durò tutta la sua vita. Per noi associate a Gesù Vittima, lo sfondo della nostra vita è il martirio; la consolazione, invece, è un aiuto rapido e fugace, sosta brevissima sulla via dolorosa... Poco importa quel che il nemico ci mostra; il diavolo mente e turba sempre; Gesù invece non inganna mai e pacifica sempre. Oh, vivere avvinta al Tabernacolo, possedere ogni giorno Colui che rapisce gli angeli ed è l'ammirazione dei cieli; sentire vicino a sé anime dalle stesse attrattive... immolarsi con loro nel fuoco dello stesso sacrificio con l'Ostia d'amore... è l'inizio della vita del Cielo»* (24 settembre 1872).

Veste ancora abiti civili e vive ancora nel mondo, Maria, ma ora, di fatto, è già diventata Madre per le sue «figlie» - le Figlie del Cuore di Gesù - che inizia a guidare verso la vetta del puro Amore della configurazione totale a Cristo.

Ma per compiere tutto questo, occorre l'approvazione ufficiale di colui, che nel luogo della fondazione da erigere, rappresenta Gesù Cristo e la sua Chiesa, il Vescovo diocesano. In quegli anni, il buon Pastore di Malines-Bruxelles è l'Arcivescovo *Vittorio Augusto Dechamps,* oratore e scrittore eccezionale, coltissimo, affabile, ardente, un padre, un apostolo[1]. Già sa un pò vagamente, dell'Opera che si intende iniziare, ma in attesa di «vederci» più chiaro, vuole essere meglio informato.

Mons. Van den Berghe va ad illustrargli stile e fine dell'Istituto. L'Arcivescovo ascolta, attento e sorridente. Conclude: «Io non sapevo di quale Opera ella volesse parlarmi, ma in questi termini la trovo bellissima e assai utile... Prepari la fondazione per l'anno prossimo, e si affretti, non perda tempo». Congedando Mons. Van den Berghe, gli chiede: *«Desidero conoscere la futura fondatrice».*

---

1. *Vittorio Augusto Dechamps,* nato nel 1810, presso Gand, sacerdote nel 1834, si fece redentorista nel 1836. Semplice, amabile, assai dotto, oratore eloquente e direttore spirituale ricercatissimo, nel 1865 diventò Vescovo di Namur e, nel 1867, Arcivescovo di Malines e Primate del Belgio. Si distinse al Concilio Vaticano I, come sostenitore dell'infallibilità pontificia e, nella sua vita e nell'episcopato, per la sua intensa opera di scrittore e di apologeta, con opere cariche di luce sui problemi del suo tempo e sulla fede cattolica: *«La grande erreur de notre temps». «L'infallibilité e le concile general», «Entretiens sur la demonstration de la Révélation», «La divinité de Jesus-Christ», «La question religieuse résolue par les faits»...* Pastore illuminato e zelante, nel 1875 era creato Cardinale da Papa Pio IX. Morì il 29 settembre 1883. È una delle più nobili figure della Chiesa del XIX secolo. (Dalla rivista *«Pio IX». Studi e ricerche sulla vita della Chiesa del Settecento ad oggi,* maggio-luglio 1989).

«La Teresa del nostro secolo»

Il 9 ottobre 1872, Maria Deluil-Martiny si presenta a Mons. Dechamps, che l'accoglie, amabile e paterno. «Ebbene - le dice - vogliamo dunque fondare insieme qualche cosa?». E le narra che alcuni mesi prima, una santa persona, da lui guidata, gli aveva spiegato che si stava preparando un'Opera speciale di riparazione e di preghiera per il sacerdozio, e che lui stesso doveva fondarla nella sua diocesi. «Sarà - afferma l'Arcivescovo - uno dei migliori atti del mio episcopato».

Maria si apre con Lui... «La santità dei sacerdoti - commenta il buon Pastore - attira sul mondo la misericordia divina. Ho ammirato grandemente la lettera del Santo Padre a Mons. Van den Berghe». Man mano che Maria gli spiega il progetto, l'Arcivescovo se ne sente come rapito e incoraggia l'ospite: «Scriva un compendio della sua regola, che ponga le basi principali del nuovo Istituto. Io l'approverò. Le costituzioni definitive verranno più tardi... Incaricherò il Padre Le Grelle, gesuita, di esaminare la regola».

È un colloquio lungo, cordiale, intenso. *«L'Arcivescovo - racconta Maria - mi ha fatto molte raccomandazioni intorno alla nostra installazione ad Anversa. "È una eccellente città - mi disse - vi starà bene. Bisogna entrarvi in piena luce, presentando l'Opera come voluta dal Santo Padre e da me approvata e protetta"».*

«Vogliamo cominciare molto modestamente» - soggiunge Maria.

Il Cardinale si addentra in mille particolari e annuisce: «È ottima cosa che si cominci dal poco. Sarà la piccola Nazareth dell'Opera e sarà benedetta». Poi, come diventando pensieroso, le domanda: «E i suoi genitori? Può lasciarli soli?».

Maria risponde: «Per loro e per me, certamente sarà uno strazio. Ma essi sono buoni cristiani e non si opporranno. Io credo di essere loro utile, ma non necessaria».

L'Arcivescovo, dopo un'ora e mezza, conclude: «Desidero che si fondi quest'Opera. È richiesta dalle necessità della Chiesa. Occorre affrettarsi. Posso morire presto e mi preme disporre tutto in modo stabile e definitivo. Mi raccomando alle preghiere sue e di tutti coloro che vogliono questa fondazione. Ogni giorno, ricorderò tutti nella mia Messa».

Quando Maria se ne va, Mons. Dechamps confida ai suoi collaboratori: «Oggi ho veduto la Teresa del nostro secolo!».

Alla fine di ottobre 1872, Maria e genitori sono di ritorno a Marsiglia. Mons. Van den Berghe scrive di lei al Padre Calage: «... Ormai si è fatto un passo definitivo. Mons. Dechamps ha avuto un'ottima impressione di tutto ciò che Maria Deluil-Martiny gli ha detto: si è mostrata pari alla sua missione... Le anime che ho condotto a Maria sono con lei in perfetta comunione di idee... Non appena ella le conobbe, si dedicò interamente a loro... Ho visto chiaramente lo Spirito di Dio operare sulle figlie, per mezzo della Madre. Ella ha determinato delle vocazioni, ha fatto scaturire la luce, ha consolato, ha rialzato, e reso soprannaturali queste anime».

Nel frattempo, Padre Calage è andato a Lourdes e ha pregato l'Immacolata, davanti alla grotta delle apparizioni, per Maria e per la fondazione nascente. È lieto, quando riceve la lettera da Mons. Van den Berghe e sollecita Maria a scrivere subito il compendio delle regole.

È appena tornata a Marsiglia, Maria, e già si prende cura delle sue «figlie» che ha lasciato in Belgio, in particolare della signorina Jansen, (sarà una delle prime superiore del suo Istituto), con scritti che sono veri gioielli di equilibrio e di guida spirituale: «*Come distribuisce la sua giornata? Al mattino, dopo l'Eucarestia, la meditazione e le altre preghiere, penso che resti libera assai presto. Deve poi stabilire le preghiere della sera. Durante il giorno, si riservi qualche momento di raccoglimento. Il tempo restante lo consacri al prossimo, specialmente alla sua mamma. Non si rinchiuda nella sua camera... No! Non si renda insocievole; la nostra pietà dev'essere dolce, affettuosa, premurosa, attraente*» (2 dicembre 1872).

È davvero «la S. Teresa d'Avila del secolo».

«Noi erigiamo ad Anversa...»

Il mese di novembre 1872, Maria lo dedica a scrivere il «*Compendio delle regole e costituzioni*», senza tralasciare uno solo dei suoi doveri di famiglia. Il 27 novembre 1872, già lo spedisce a Mons. Van den Berghe che con P. Le Grelle comincia subito a esaminarlo. Ella prega la Madonna, che Mons. Dechamps possa firmare l'atto di erezione dell'Istituto l'8 dicembre, solennità dell'Immacolata e data a lei carissima.

La sera del 7 dicembre, da Malines giunge il telegramma che Mons. Dechamps, l'indomani, firmerà. È traboccante di gioia. Sotto la data dell'8 dicembre 1872, il buon Pastore di Malines scrive: «Considerando il prezioso incoraggiamento e l'approvazione data dal nostro amatissimo Pontefice Pio IX, volendo esaudire il desiderio delle anime pie che hanno deciso di offrirsi a Dio come vittime di espiazione... *noi erigiamo e istituiamo ad Anversa il monastero delle Figlie del Cuore di Gesù...*»[2].

2. L. Laplace, *op. cit.,* p. 165.

Alcuni giorni dopo, Maria ringrazia l'Arcivescovo. Il suo Istituto, diversamente da quanto avviene normalmente, è già approvato dalla Chiesa, prima di esistere di fatto. Maria ha ricevuto l'investitura di fondatrice: ora è davvero *«Madre Maria di Gesù»*.

Ma, adesso come dirlo ai genitori? Come lasciarli soli, nella loro condizione di salute sempre più precaria? Neppure, durante il recente viaggio a Bruxelles, hanno sospettato ciò che li attende. Ancora una volta, il Padre Calage, viene in aiuto a Maria e informa i genitori, con il coraggio e la delicatezza di vero uomo di Dio. Essi accettano, ma è uno strazio per tutti.

I giorni che seguono sono pieni di pianti dirotti, di preghiere, di silenzi angosciosi. Maria prega, con la fede di chi spera contro ogni speranza. Una mattina, ritornando dalla chiesa, la mamma abbraccia la figlia e le confida tra i singhiozzi: «Ti ho data a Nostro Signore, ... ti ho data a Lui». Maria le mostra la bellezza del sacrificio che compiono, la ricompensa eterna che Dio avrebbe loro data in Paradiso. Ma, Padre Calage d'accordo con Mons. Dechamps, costringe Maria a rimanere in famiglia ancora alcuni mesi, preparandosi, nella preghiera e nell'offerta quotidiana di se stessa, alla sua «ora», così simile all'«ora» del divino Redentore, come ne parla Giovanni, l'apostolo prediletto, nel suo Vangelo.

In quei giorni, il Padre Calage fa incontrare a Maria, la signorina C. G., ormai ottuagenaria, la medesima che nel 1846 aveva ricevuto le prime intuizioni sull'Opera e che il Padre Roothan, Preposito generale della Compagnia di Gesù, aveva diretto per due anni a Marsiglia. Da allora C. G. aveva continuato a pregare e a offrire per la futura fondazione, in attesa che Dio ne compisse il progetto. Quando Maria la vede per la prima volta, si sente dire: «Ecco colei per la quale prego il Signore, da 25 anni. Ne nasce subito un'intensa comunione di anime.

«È giunta l'ora»

Ed ecco che si avvicina il tempo di partire, il momento del distacco completo da tutti: dai genitori amatissimi, dal Padre della sua anima, dalla famiglia e dalla città, dove innumerevoli «fili» la legano a diverse iniziative di bene.

«Mi sembra - confida Maria - *di gettarmi a occhi chiusi in una voragine: ma la Provvidenza e l'Amore di Gesù ne sono il fondo. Che cosa si può dunque temere? Tutto deve essere immolato a Nostro Signore, tutto, e ancora questo tutto è nulla».*

In quell'anno 1873, numerosi pellegrinaggi, dalla Francia e da ogni dove, giungono a Paray-le-Monial, nel secondo centenario delle appparizioni di Gesù a Margherita Maria Alacoque, a implorare l'aiuto divino per la Chiesa e per il mondo, secondo quanto ripete Papa Pio IX: *«La Chiesa e la società non possono più sperare che nel Cuore di Gesù. Egli solo porterà rimedio ai nostri mali».*

Il 31 maggio 1873, verso le due pomeridiane, arrivano a Paray più di seicento pellegrini da Marsiglia: tra di loro ci sono Maria e la sua mamma. Maria è rimasta digiuna fino a quell'ora tarda per poter accostarsi alla Comunione. Riceve Gesù eucaristico e rimane a lungo in colloquio con Lui. Cerca di passare inosservata, benché sia segretaria del comitato del pellegrinaggio e incaricata dell'organizzazione, perché vuole dedicarsi a Gesù solo.

Davanti all'altare del Sacro Cuore di Gesù, prega «per le due care patrie», come ella chiama la Chiesa e la Francia, e per il piccolo Istituto creatura di Dio e sua, che sta per venire alla luce, dopo tanto travaglio di amore e di dedizione. A Lui offre se stessa, le sue «figlie», una per una, affida i genitori.

Ed ha ancora una stupenda idea.

Vede che la tomba del Padre Claudio La Colombière, guida spirituale di Margherita Maria Alacoque, colui che Gesù definì, mentre era ancora in vita, *«suo perfetto amico»*, non è più custodita dai suoi Confratelli, i Padri Gesuiti, che da tempo mancano da Paray.

Maria desidera che essi vi ritornino e vi abbiano una casa, come un tempo.

Con il consenso di P. Calage e dei Gesuiti presenti, inizia una sottoscrizione tra i pellegrini e, in meno di un giorno, raccoglie la somma necessaria per la fondazione: grazie a lei, al suo ultimo gesto di carità, in mezzo al mondo, prima di raccogliersi nella contemplazione dell'Unico Amato, si riaprirà la casa dei Gesuiti a Paray-le-Monial dove Gesù li ha chiamati a essere i primi apostoli del suo Cuore.

Ritorna a Marsiglia con la mamma e trascorre ancora due settimane con i suoi genitori.

Non ha più che un pensiero fisso, dominante, l'unico ormai: la nascita della sua Opera che avverrà a giorni: *«Chieda al Signore -* scrive a un religioso *- di nascondermi nel profondo del suo Cuore. Sarebbe troppo per una miserabile come me sperare questo se quel Cuore non fosse stato aperto proprio per i miserabili. Dimenticavo di chiederle un piccolo posto sulla sua patena all'altare. Là, mi offra ogni giorno, insieme a Gesù, soprattutto il 20 giugno. Offra pure le sorelle di cui mi interesso... Scusi l'ardire: sono povera e mendico da chi possiede il Calice e l'Ostia del sacrificio»* (6 giugno 1873).

Il 15 giugno 1873, Maria lascia i suoi genitori, la sua casa, la città e parte per il Belgio. Arriva nella piccola casa di Berchem-les-Anvers, presso Anversa, il martedì 17... Nei giorni seguenti giungono le altre sorelle.

Maria scrive: «*Siamo in porto!*».

L'attende «*il centuplo e l'eternità*».

8

«L'EUCARESTIA, IL CALVARIO, LA CHIESA»

Sacro Cuore 1873

Berchem-Les-Anvers, sobborgo presso Anversa, in Belgio. Nel giugno del 1873, alcuni operai stanno lavorando a trasformare in monastero una casa di umile aspetto, sotto la guida di Mons. Van den Berghe. Tutto è povero, lindo e pulito. La cappella è semplice e graziosa. Attorno all'edificio, un giardino di felci, lillà e rododendri, un alto faggio frondoso... Più in là, campi coltivati e terreni incolti, immersi in un gran silenzio, nella pace. Anversa, pur essendo a quattro passi, sembra lontana.

Così trova, Maria, il suo nuovo «nido», quando vi giunge da Marsiglia.

La mattina del 20 giugno 1873, solennità del Sacro Cuore di Gesù, il suono di una campana annunzia la nascita della nuova Famiglia religiosa. Le buone persone che si recano nella chiesetta appena sorta, vedono, al di là della grata, quattro «sorelle», che già vestono l'abito religioso, un'ampia veste di lana bianca con lo scapolare dello stesso colore, il velo che ricade sulle spalle, due cuori rossi circondati da spine, ricamati sul petto...

Maria Deluil-Martiny è una di loro, le prime che hanno subito vestito il santo abito, ed è la loro «madre»: *Madre Maria di Gesù*. Sono anche già arrivate quattro giovani donne a chiedere il medesimo abito: tutte otto insieme partecipano alla S. Messa e si offrono con Gesù, in sacrificio al Padre. Al termine, recitano le «*ultime parole*» di Gesù in croce e cantano il «*Magnificat*».

Davanti all'altare di Gesù Sacerdote e Ostia, ormai è nata davvero la Famiglia delle Figlie del Cuore di Gesù. Il 25 giugno, Madre Maria racconta ad un'amica: «*Siamo in porto! Peccato che non ci sia anche lei... Arrivai qui, martedì sera, mentre le altre arrivarono chi mercoledì, chi giovedì. Siamo in otto... Abbiamo già il Santissimo esposto dieci ore al giorno, per l'adorazione. Che bello se fosse qui, anche lei, povera esiliata!*

Abbiamo vestito l'abito religioso nella festa del Sacro Cuore, giorno in cui fu aperta la cappella ai fedeli. C'è stata una ressa di gente, essendo la sola chiesa della città ad avere l'esposizione del Santissimo... Sono state tante le visite, perché tutti si interessavano delle "francesi". Il Nunzio, l'Arcivescovo di Malines, il Vescovo di Liegi ci hanno scritto con la più grande benevolenza. L'inizio dell'Opera, come vede, è copiosamente benedetto...

Oso a stento svolgere il ruolo che devo necessariamente avere... Gesù ha finalmente in piccolo ciò che desidera. Capisce la nostra gioia?».

Si mette subito al lavoro, Madre Maria di Gesù, condividendo con le sorelle la gioia del dono compiuto a Dio e le fatiche per l'assetto completo della casa. Comincia la sua opera di formazione, con la preghiera, la parola e ancor più con il suo esempio, che attira e conquista. Sceglie per sé i lavori più umili e gravosi. E passa lunghe ore dinanzi a Gesù eucaristico, sottraendole spesso al riposo.

È venuta qui, proprio per questo, per stare con Lui. Le preoccupazioni e le prove non le mancano, nemmeno a Berchem, ma può dire che è felice, anche nella povertà, nelle privazioni.

Non è ancora passato un mese dalla fondazione, che da Marsiglia le giungono lettere tristi dalla mamma, che vorrebbe riavere la figlia a casa. Il Padre Calage e lo stesso Mons. Dechamps, Arcivescovo di Malines, quasi le ordinano di ritornare per qualche tempo a far compagnia ai suoi genitori. Maria obbedisce, anche se le dispiace assai lasciare, pur solo momentaneamente, la sua piccola comunità.

Il suo stile di vita

Rientrata in famiglia, provvede alle necessità dei suoi genitori, con intelligenza e dedizione, ma è anche presa dal dubbio che sia o no la persona adatta a far la fondatrice e la guida di altre sorelle. Il Padre Calage la rassicura, la incoraggia a proseguire, senza timore, nell'abbandono pieno alla volontà di Dio:

«Ella sarà canale della grazia per le anime - le dice il Padre - ma canale inanimato; Dio passerà attraverso la sua anima, senza che se ne accorga... *Avvicinandosi a lei, si troverà Gesù, ma ella non ne saprà nulla. Bisogna pure che qualcuno meriti la grazia alle anime... In lei, tutto dev'essere per loro... Ella ha sofferto molto! Soffrirà ancora. Le anime bisogna nutrirle con il proprio sudore e con il proprio sangue*».

Pur lontana dalle sue «figlie», Maria si sente madre, fino all'ultima fibra. Non passa giorno senza che scriva loro, ora all'una ora all'altra, o a tutte insieme; le raccoglie tutte attorno a Gesù, il Centro unico, l'Amato, il Tutto: «*Gesù - scrive - merita tutti i nostri sacrifici. Egli vale più di quanto abbiamo di più caro, Egli è Padre, madre, fratello, amico, sposo. Egli ha fatto per noi quello che nessuna persona cara ha mai potuto fare, e la scelta che Egli ha fatto della nostra piccolezza per servirlo nella sua casa, è un onore che vale i più grandi sacrifici*».

Nell'avvicinarsi della festa dell'Assunzione della Madonna, il 13 agosto 1873, Madre Maria da Marsiglia scrive alle sue «figlie» a Berchem, una lettera che racchiude in una stupenda sintesi il suo stile di vita, il medesimo che propone loro, la «via» da seguire, modellata sulla stessa via della Madonna, nei giorni, che seguirono l'ascensione di Gesù al cielo, l'inizio del tempo della Chiesa:

«*Poichè tutte portate il nome benedetto della Santissima Vergine, venerdì prossimo, 15 agosto, sarà in qualche modo la festa di tutte... La nostra dolce Madre celeste vi benedica e vi formi e le sue cure materne facciano di voi altrettanti-Gesù, anime offerte incessantemente nel sacrificio di Gesù e veramente unite a questo sacrificio.*

La Vergine santa ci ha lasciato in eredità, a noi particolarmente, gli ultimi anni della sua vita. Ora di che fu occupata l'anima e la vita della Madonna in quegli anni pieni di misteri troppo poco meditati? L'Eucarestia, il Calvario, la Chiesa!

L'Eucarestia, dove essa ritrovava il suo Gesù e lo possedeva come noi lo possediamo; lo amava, lo adorava, lo serviva e l'offriva per le mani del sacerdote, come, putroppo... noi non sappiamo e spesso non vogliamo amarlo, servirlo, offrirlo.

Il Calvario, i cui sanguinosi ricordi riempivano la sua anima, dove dopo aver visto soffrire e morire Gesù, stra-

ziante dolore sempre vivo nel suo cuore di Madre, andava ancora a raccogliere il Sangue e i meriti del suo divin Figlio per offrirli al Padre celeste. Il Calvario, dove la sua anima santa si offriva immolata, sacrificata con Gesù.

E la Chiesa! La Chiesa e gli Apostoli che Essa aiutava, sosteneva, formava con le sue incessanti preghiere e una prodigiosa nascosta immolazione; e questo con un amore e uno zelo attinti nel divino incendio del Cuore di nostro Signore.

Ecco il modello, sorelle mie! Guardatelo, meditatelo di continuo, e imitatelo».

È questa una «teologia» che sgorga dalla contemplazione viva e penetrante del mistero di Cristo, al quale, in primo luogo, è associata sua Madre. È la luce e il fuoco che discende su Maria Deluil-Martiny e la invade, come un cristallo, da cui dilaga, illumina e riscalda coloro che l'avvicinano.

E così, alle sorelle, rimaste a Berchem, ella può continuare a scrivere:

«*Unione continua al Sacrificio dell'altare; offerta spirituale, ininterrotta del Calice innalzato dalle mani del sacerdote. Ricordo costante dei dolori del Salvatore Crocifisso e specialmente del martirio del suo Cuore adorabile! Il Calvario c'è ancora, la Croce è inalberata sul Calvario eucaristico; Gesù si offre e s'immola continuamente ma misticamente, e siamo noi che dobbiamo essere, in certo modo, le vittime cruente di questo sacrificio... Ecco, care sorelle e amatissime figlie, la nostra missione. Ricorriamo a Colei che è onnipotente nell'intercessione».*

Davvero la sua vita è ormai tutta eucaristica, ecclesiale, sacerdotale sulle orme della Madonna, la Madre di Cristo e della Chiesa. *Vita cristica con Colui che ha detto:* «*Io e i miei siamo uno*» (Gv, 17, 23).

Una ragazza di nome Elisa

Compiuti i suoi doveri verso i genitori, ai primi di dicembre 1873, Maria rientra nella sua Famiglia religiosa a Berchem. A Marsiglia, ha potuto constatare di persona la triste situazione della Francia, in preda a opposte fazioni, pronte di nuovo a scontrarsi, anche a danno della Chiesa, del sacerdozio e della vita religiosa.

Proprio in questo clima, è maturato il progetto della fondazione. È proprio per venire incontro alla Chiesa, nella triste situazione di un secolo contro-Dio, che ella s'immola con Gesù e invita le «figlie» a offrirsi. Sono esse la sua gioia e scrive: *«Siamo accorse dai quattro angoli della Francia per riunirci in questa terra lontana dove un meraviglioso complesso di circostanze provvidenziali aveva gettato il piccolo seme di senape»* (lettera del 9 novembre 1873).

Con il suo ritorno a Berchem, le difficoltà dell'inizio si appianano. Arrivano nuove giovani a chiedere l'abito religioso. La piccola comunità, raccolta attorno a Gesù, si fa ogni giorno di più «un cuor solo e un'anima sola» (At, 4, 32).

Il Natale 1873 - il primo trascorso da Maria nel suo Istituto - è bello e lieto. Papa Pio IX le fa dono di un «breve» che la autorizza a far celebrare in cappella la Messa di mezzanotte. La mamma, da Marsiglia, manda a Berchem bellissimi regali, tra cui «un grazioso Gesù Bambino». L'8 dicembre precedente, l'Arcivescovo Mons. Dechamps elogia l'opera nella cattedrale di Anversa. Dal giorno 20, il noviziato funziona in piena regola. Suor Maria Teresa Janssen, *«la piccola belga»,* aiuta la Madre nella guida.

Il 6 gennaio 1874, in sei vestono il bianco abito.

Tra le prime entrate nell'Istituto, si distingue, in quei mesi, *Elisa Gréban de Saint-Germain:* consapevole delle necessità della Chiesa e dei sacerdoti ed insieme delle defezioni che avvengono tra di loro, ella aveva offerto a Dio la vita in espiazione del peccato e per la santificazione dei ministri di Cristo.

Nel mondo, era vissuta come un angelo in carne, prediligendo il patire come la sua «porzione». In monastero, ora chiamata da Dio e «presa in parola» da Lui, sta consumando il suo sacrificio con Gesù Crocifisso. Madre Maria la assiste e la cura, come una vera mamma, per strapparla alla morte, sostenendola insieme nella sua offerta a Dio.

Ma, ancora una volta, per venire incontro ai suoi genitori, Maria deve tornare a Marsiglia: «*Che sacrificio!* - annota - *L'Ostia è diventata l'indispensabile per la mia vita e non vorrei allontanarmene mai*».

Il 7 aprile 1874, intraprende un nuovo viaggio a Marsigli. Da casa, scrive molto spesso, alla sua comunità, in particolar modo a suor Maria Margherita, che sarà in seguito, una guida per l'Istituto, e a Elisa Gréban, diventata suor Maria Agnese di Gesù, sempre più ammalata...

Alla fine di maggio, la Madre rientra in fretta a Berchem, perché Elisa sta morendo. Intanto, le ha ottenuto da Mons. Dechamps l'autorizzazione di pronunciare i santi voti. Elisa ne è felice ed offre la sua vita a Dio, per il Papa Pio IX, il quale, saputolo, le risponde di persona benedicendola. Si spegne il 7 giugno 1874, cantando con un filo di voce, la gioia di andare incontro allo Sposo: «*Le voici l'Agneau si doux, / le vrai Pain des Anges...*» («eccolo, l'Agnello così dolce, / il vero Pane degli angeli»).

È il primo lutto della comunità e Madre Maria di Gesù ne prova un dolore grandissimo, in cui rinnova a Dio il suo sì: «*Sia fatta la tua volontà!*».

Commenta nelle sue lettere: «*Povera terra, non vi sono che lacrime, separazioni, dolori. Mio Dio, che conforto avere*

Gesù con noi! Che cosa saremmo senza di Lui? Mi domando come quelli che sono senza fede, possano sopportare la vita nelle ore della desolazione, quando il cuore è come schiacciato dal dolore. Ma noi abbiamo un Dio che ci è amico, fratello e sposo. Egli è con noi, sempre... Tutto passa, Egli resta. Se un giorno, tutto ci mancherà, Egli ci sarà vicino; se tutti se ne andranno, Egli solo ci resterà».

Un tempio per Lui

Da alcuni anni, l'8 dicembre 1868, i Vescovi del Belgio avevano affidato la nazione al Cuore di Gesù, rispondendo all'invito di Pio IX che nel 1864 aveva esteso alla Chiesa universale la sua festa liturgica e aveva dichiarato: «*In Lui, solo in Lui è riposta la salvezza della Chiesa e della società*». Per fissare il ricordo di quella consacrazione, i Vescovi e i cattolici belgi decisero di erigere un tempio votivo al Cuore di Gesù, così come stavano facendo i cattolici francesi a Montmartre.

L'Arcivescovo di Malines, Mons. Dechamps incarica Mons. Van den Berghe di preparare la costruzione, proprio a Berchem, presso Anversa, e ne affida la custodia alla piccola congregazione, appena nata, delle Figlie del Cuore di Gesù, con il compito di vegliare continuamente in preghiera presso di Lui e di intercedere, giorno e notte, per il Belgio, la Chiesa e l'umanità.

Papa Pio IX, da Roma, benedice l'impresa e si muove in prima persona, nonostante l'età avanzata, per contribuire a realizzarla. Madre Maria di Gesù, già il 9 novembre 1873, può raccontare, in umiltà e grande gioia, «*Abbiamo ricevuto dal Santo Padre, la benedizione apostolica scritta di suo pugno e una pietra delle catacombe che sarà la prima pietra della nostra futura chiesa*».

In realtà, il Papa ha mandato un frammento di marmo tolto dalle catacombe di S. Callisto, in modo che una pietra consacrata dal contatto delle ossa dei primi martiri della fede, divenga la pietra angolare del monumento che si erigerà a gloria di Cristo.

L'8 settembre 1875, Mons. Vannutelli, nunzio apostolico in Belgio, a nome del Santo Padre, benedice e depone nella terra di Berchem, questa prima pietra del nuovo tempio.

Quel giorno medesimo, cominciano i lavori, che dureranno tre anni. Intanto, nel 1875, Mons. Dechamps, per volontà di Pio IX, è diventato Cardinale, per il suo servizio straordinario, prestato alla Chiesa, nella sua diocesi, al Concilio Vaticano I, con la sua vita esemplare, con la predicazione e con la sua penna di scrittore e di apologeta.

Tra le sue iniziative apostoliche, la fondazione di Berchem è una delle più splendide. Subito dopo il suo inizio, egli invita Madre Maria di Gesù a scriverne le Costituzioni, che avrebbe approvato ufficialmente, in modo che l'Opera fosse presto completa. Nel luglio 1875, mentre sta per elevarsi al cielo il tempio di Berchem, la Madre comincia a scrivere le Costituzioni della sua Famiglia religiosa. Chiede le preghiere e l'offerta di sacrifici da parte di tutte le sue «Figlie» ed ella stessa indugia ancora più a lungo davanti a Gesù eucaristico esposto sull'altare all'adorazione quotidiana.

Si ispira alla regola di S. Ignazio di Loyola, (lei che è guidata dal gesuita Padre Calage), con la sua ricerca dell'obbedienza e dello zelo apostolico, ed insieme guarda allo spirito dolce e forte di S. Francesco di Sales, che ha sperimentato alla Visitazione di Marsiglia, di Bourg e di Paray-le-Monial... Raccoglie in una sintesi mirabile, tutti i desideri di amore e di riparazione, di preghiera e di intercessione che

Gesù ha rivelato nelle sue apparizioni a Margherita Maria Alacoque.

Mentre il santuario di pietra e di arte comincia ad innalzarsi a gloria del Cuore di Cristo, Madre Maria scrivendo le Regole, completa per Lui, «il santuario» di amore del suo Istituto, dove Egli possa abitare in mezzo all'adorazione incessante, alla più intensa dedizione di coloro che sono state chiamate e predilette.

Appena ha finito, il Padre Le Grelle, gesuita, confessore della comunità, con altri tre teologi, esamina le Costituzioni e le definisce *«un'opera di alta sapienza e di vera scienza spirituale, tutta improntata dello Spirito di Dio»*.

Il 2 febbraio 1876, il Card. Dechamps le approva. L'Istituto, cui ora non manca più nulla, può crescere benedetto da Dio.

Gesù, Sacerdote e Ostia, con il suo Cuore traboccante di amore infinito, sul Calvario, sull'altare del Sacrificio eucaristico, presente e vivo nel Tabernacolo, è l'Unico, Colui che trascina nella sua offerta, per la Chiesa e per il sacerdozio, per l'umanità intera. La Madonna, nella sua unità con Lui, è modello e guida.

Si apre, per le Figlie del Cuore di Gesù, il tempo di *«volare»* più lontano.

Ad Aix-en-Provence

Proprio in quei giorni, sembra giunta l'ora di aprire una seconda fondazione in Francia, ad Aix in Provenza, non lontano da Marsiglia. Il 3 dicembre 1875, Madre Maria intraprende un lungo viaggio, accompagnata da suor Maria Teresa, per provvedere all'apertura della nuova casa. Il viaggio, in piena stagione invernale, si fa subito difficilissimo:

a Parigi, in una gelida tempesta di neve, passa la notte in treno; a Valenza, ancora la neve caduta abbondantemente blocca il treno per lunghe ore. A Marsiglia, trova i suoi cari sempre più bisognosi di assistenza.

Il 5 gennaio 1876, va in udienza da Mons. Forcade, Vescovo di Aix, che le dà il consenso di stabilire una comunità delle Figlie del Cuore di Gesù nella sua città. Madre Maria si muove per cercare una casa e il denaro necessario. In mezzo a tutti questi movimenti, scrive alle sue suore rimaste a Berchem, in attesa del suo ritorno; sono lettere di una madre premurosa alle sue figlie, alle «anziane», e alle giovanissime, che sono appena entrate, per un improvviso fiorire di vocazioni per il suo Istituto.

Quando era ancora in famiglia, così attiva e piena di iniziative, Maria era già conosciuta e stimata da molti, tra sacerdoti e Vescovi, anche lontano. Persino Papa Pio IX ne conosceva la storia e l'azione appassionata. Ancora più conosciuta ed apprezzata è ora, per aver fondato una Congregazione che pare rispondere alle più toccanti necessità della Chiesa.

Il Vescovo di Ginevra, Mons. Gaspare Mermillod, esiliato dalla sua diocesi, vedeva, la sua città dominata dal calvinismo, accogliere i ribelli alla Chiesa, i preti apostati e sacrileghi... Sentiva, persino nella sua carne, il dolore cocente per le profanazioni del sacerdozio e dell'Eucarestia[1].

---

1. *Gaspare Mermillod* (1824-1892), figlio di un umile fornaio, nativo di Carouge, quindi cittadino di Ginevra, prete pieno di zelo, parroco di Notre-Dame, pensatore profondo, oratore ammirevole, intraprendente difensore degli umili, era amato dal suo popolo, come un vero padre. Instancabile realizzatore, costruì chiese, fondò il quotidiano *Courier de Genève,* aprì scuole, percorrendo l'Europa per raccogliere fondi per le sue opere. Quando in Svizzera, sulla scia di Bismark, si era diffusa la lotta contro i cattolici (=«il piccolo Kulturkampf»), Mons. Mermillod si trovò ad essere Vescovo di Ginevra: «Voi convertirete la Roma prote-

Quando viene a sapere della fondazione di Berchem, ne prova una grande consolazione e ne condivide fino in fondo gli ideali e gli impegni.

Nel febbraio 1876, si trova a Marsiglia, proprio nel momento in cui Madre Maria deve fermarsi a casa sua per assistere la mamma, ormai gravissima. Mons. Mermillod invita Madre Maria di Gesù alla sua Messa, per conoscerla di persona e parlarle. Le dà la Comunione con le sue mani e colloquia a lungo con lei. *«Egli mi ha detto cose bellissime - scrive Madre Maria - intorno alla nostra Opera, mi ha promesso la sua cooperazione in tutto ciò che ci potrà essere utile»*. Esamina anch'egli le Costituzioni, appena approvate dal Cardinale Dechamps e vi aggiunge la sua approvazione: *«Ora più che mai è necessario consolare il Cuore di Gesù ferito, pregare per il sacerdozio e, con il sacrificio e l'adorazione senza misura e senza tregue, porgere al Salvatore*

stante» - gli aveva detto il Papa Pio IX, conferendogli l'episcopato. Contro di lui, si coalizzarono gli odi dei calvinisti e dei massoni: il presidente cantonale Carteret, antipapista risoluto, gli intimò di lasciare, nel 1872, le funzioni episcopali. Il Vescovo chiese a Roma di essere nominato «Vicario apostolico», come se fosse in un posto di missione. Allora Carteret lo espulse, ma Mons. Mermillod, stabilitosi a Ferney, continuò a dirigere la sua diocesi, ricevendo continuamente centinaia di fedeli. Dopo dieci anni di «esilio» dalla sua città, ebbe la triplice sede episcopale di Friburgo, Losanna e Ginevra. Sotto la sua guida, Friburgo divenne un centro di ricerche dottrinali, dove nel 1885, si aprirono quegli incontri internazionali che la storia conosce sotto il nome di *Unione di Friburgo,* cui parteciparono uomini di ogni paese, dediti a studiare la società alla luce del Vangelo e a diffondere straordinariamente il Cattolicesimo sociale. Questa Unione esercitò un influsso considerevole sul pensiero di Papa Leone XIII, così che Mons. Mermillod e i suoi uomini riconobbero nell'enciclica *Rerum Novarum* (1891) il successo anche dei loro sforzi. Intanto, nel 1890, era stato creato Cardinale: con l'inglese Manning, il francese Langénieux, l'americano Gibbons, egli forma il quartetto dei primi «Cardinali sociali».

testimonianze di tenerezza e di fedeltà». Continuerà, Mons. Mermillod, ad essere assai vicino alle Figlie del Cuore di Gesù.

Alcuni giorni dopo, anche Mons. Forcade approva le loro Costituzioni e la casa potrà aprirsi presto ad Aix. A Marsiglia, la mamma ormai vicina a morire, nei momenti di calma parla con la figlia delle suore di Berchem: l'avevano conosciuta tutte, in un suo soggiorno in monastero nel 1874 e la chiamavano affettuosamente *«la grand-mère», «la nonna»!* Esprime un desiderio intenso: che Maria fondi presto una casa alla Servianne, l'antica dimora di sua proprietà.

C'è grande dolore in quei giorni a casa Deluil-Martiny e nel monastero di Berchem, lenito dallo scambio di lettere e di preghiere. Ed insieme, una grande offerta di sacrificio e di amore, che sale a Dio come l'incenso attorno all'altare. Il 6 aprile 1876, la buona signora, ricevuti i Sacramenti della fede e chiesto di essere rivestita dell'abito delle Figlie del Cuore di Gesù, muore serena.

«E anche lei se n'è andata, la buona mamma - scrive Madre Maria alle sue «figlie» - *che era anche la vostra... Se n'è andata rivestita del nostro santo abito e lassù non vi dimenticherà perché vi ha portate tutte nell'anima e vi ha benedette, prima di spirare. È per voi che ella è partita... Coraggio, figlie mie, avete un'amica in Paradiso, invocatela e siate fedeli, per poterla raggiungere un giorno».*

È una grande gioia, quando nel maggio 1876, ritorna a Berchem. Riprende la sua opera di formazione: «L'attrattiva che esercita Madre Maria di Gesù - attestano tutte quelle che l'hanno conosciuta - vinceva quella della calamita sul ferro; vederla, amarla, subirne il fascino e non potersene quasi distaccare, era tutt'uno» (L. Laplace).

Luisa, Leonia... e le altre

Tra coloro che ne hanno subito l'attrattiva - è il fascino irresistibile di Gesù, per mezzo di lei - è bello ricordare alcuni nomi che brilleranno come stelle nel cielo della storia dell'Istituto. L'8 aprile 1875, Madre Maria di Gesù, ritornando a Berchem, da uno dei suoi viaggi a Marsiglia, vi ha portato una ragazza che diventerà presto *suor Luisa di Maria Immacolata* e sarà una delle prime Madri.

Nel momento in cui si accingeva a scrivere le Costituzioni, due novizie generose, *suor Maria Margherita* e *suor Maria Teresa,* avevano voluto offrirsi con la loro Madre al Signore per soffrire quanto e come gli sarebbe piaciuto, al fine di ottenere la luce necessaria all'importante lavoro. Gesù le aveva prese in parola e davvero avevano accompagnato la Madre che scriveva le regole con la loro preghiera impreziosita da numerose sofferenze. E ne era nato il capolavoro delle Costituzioni, quasi «un poema sacro cui ha posto mano e cielo e terra».

Il 26 agosto 1875, era entrata nella comunità di Berchem *Leonia Le Vassor de Sorval.* Madre Maria di Gesù aveva scoperto la sua vocazione e l'aveva guidata a lasciare il mondo per Gesù solo, con le sue lettere ardenti, attraverso cui Leonia aveva sentito Dio chiamarla per nome:

«*L'indegnità non conta... Dio sceglie non secondo i meriti: lancia il suo "vieni e seguimi" a chi vuole; rialza Paolo, Agostino, Maddalena dall'abisso delle loro ribellioni e debolezze. La sua scelta è accompagnata da grazia particolare atta a formare l'anima secondo i disegni divini, se l'anima è fedele all'appello*» (8 giugno 1875).

«*Non invano il Signore ha promesso il centuplo in questo mondo e la vita eterna nell'aldilà a coloro che abbandonano tutto per seguirlo; quel tutto che Egli stesso,*

Ha solo 2 anni, la piccola Maria Deluil-Martiny, ma è già vivace, curiosa, assai precoce.

Sua madre,
di origine nobile,
era una gran signora,
tutta tenerezza e carità.

Maria vide la luce
in questa grande casa
di Marsiglia,
il 28 maggio 1841.

Maria a 25 anni, innamorata di Gesù e già apostola del suo Cuore.

Suo padre, monsieur Paul Deluil-Martiny, era un famoso avvocato del foro di Marsiglia.

Maria, 32 anni, lascia genitori, casa e città e parte... «rapita» da Gesù.

Padre Jean Calage,
la guida eccezionale
che condurrà Maria
alla fondazione
e alla vetta della santità.

Giugno 1873. Maria arriva in questa piccola casa di Berchem-les-Anvers (Belgio), il suo primo convento.

20 giugno 1873, festa del Sacro Cuore: è diventata Madre Maria di Gesù.

L'altare nella cappella della prima casa di Berchem: Gesù eucaristico è esposto all'adorazione. La vita di Madre Maria di Gesù si è fatta colloquio con lui solo.

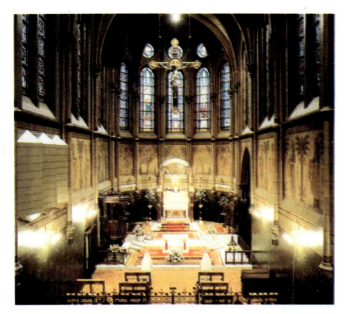

L'interno del tempio di Berchem: affidato alle Figlie del Cuore di Gesù, è il luogo del suo Amore e della sua Misericordia.

Il 17 agosto 1878, il card. Dechamps, arcivescovo di Malines, consacra a Berchem il bellissimo tempio dedicato al Sacro Cuore di Gesù.

A Berchem, accanto al tempio del Sacro Cuore, è sorto un monastero dove Madre Maria di Gesù ha trasferito le sue Figlie.

Lo stemma
delle Figlie
del Cuore di Gesù.
Un solo desiderio,
un solo impegno:
«Egli deve regnare».

Nel «nido tra cielo e terra» a La Servianne (presso Marsiglia) antica proprietà dei suoi avi materni. *Sopra*: la cappella del monastero a La Servianne.

A La Servianne, un poggio, un bosco di pini, una croce. Così simile al Calvario. Lì Madre Maria di Gesù, il 27 febbraio, donò la vita per Gesù.

A Berchem, nel tempio del Sacro Cuore, sotto lo sguardo del Signore, Madre Maria di Gesù attende la risurrezione. *In basso*: l'urna con il corpo della Beata Maria di Gesù.

Nel 1895, a Schwyz (Svizzera), è sorto questo monastero delle Figlie del Cuore di Gesù. Ecco come appare dopo gli ultimi restauri.

Nel 1901, a Roma, presso la via Nomentana, sulle antiche catacombe dei martiri, le Figlie del Cuore di Gesù hanno fondato questo monastero, ora casa generalizia.

Hall-Tirolo (Austria), nel 1912 giungono le Figlie del Cuore di Gesù. *Sotto*: L' interno della chiesa.

Lido di Venezia:
la Chiesa del monastero.

Lido di Venezia: nel 1921, tra cielo e mare, si apre un altro «nido» per le Figlie del Cuore di Gesù (il giardino del monastero).

Nella casa di Roma le Figlie del Cuore di Gesù accolgono il Papa. Con lui, esse pregano e si offrono a Dio, per i sacerdoti, per la Chiesa e per il mondo. Una cosa sola con Gesù.

Maestro divino, si è degnato di esplicitare: padre, madre, fratelli, sorelle, sposo, parenti, campi, averi e infine se stessi» (13 agosto 1875).

Leonia, conquistata dall'Amore, aveva risposto sì. Madre Maria di Gesù era andata a prenderla a Parigi, per condurla a Berchem, dove sarebbe diventata la sua compagna inseparabile, anche nell'ora suprema del sacrificio. Con «figlie» di questa razza, cresciute proprio quasi come da un contagio di luce e di dedizione a Cristo e alla Chiesa, davvero si può pensare ad altre fondazioni.

Ed è così che è maturata l'idea di aprire un monastero ad Aix, in Provenza, come abbiamo narrato, e subito dopo, in ascolto del desiderio della mamma morente, alla Servianne, presso Marsiglia. La Francia, che in quegli anni, espelleva gli Ordini religiosi, vedrà la Famiglia di questa grande figlia, Maria Deluil-Martiny, compiere nella sua terra, un capolavoro di vita consacrata.

È lei che sa entusiasmare tutte a salire, a salire nell'offerta con Gesù Sacerdote e Ostia, fino a farsi olocausto con Lui, se lo chiede, per la gloria di Dio e per la santificazione della Chiesa e del sacerdozio. A chi si lamenta delle proprie debolezze, risponde con l'invito forte ad allargare lo sguardo alla Chiesa e al mondo, a dare al proprio cuore le dimensioni del Cuore di Cristo:

«Noi somigliamo - scrive - *ad un uomo che, mentre un grande incendio brucia la casa... non si dà d'attorno per spegnere le fiamme, ma rimane in un angolo a lamentarsi, perché si è sporcato portando acqua, o a togliersi con la punta di uno spillo le molecole di cenere sul vestito. Proprio questo facciamo in mezzo a questo mondo che tenta di incendiare la Chiesa, insulta Gesù Cristo Nostro Signore: passiamo il tempo a lamentarci dei nostri mali interiori... Ci ripieghiamo su noi stesse, invece di aprirci abbracciando la causa*

di Dio, e santificarci servendola con il sacrificio e l'abnegazione. Su, un bel colpo d'ala! Per elevarci con l'aiuto della grazia, al di sopra della terra e di noi stesse e per non vedere che Gesù solo».

«Gesù deve regnare»

Il 2 luglio 1876, Madre Maria di Gesù, nel monastero di Berchem, durante una celebrazione intimissima, offre a Dio i voti temporanei. Ha 35 anni e davvero il suo «noviziato» nel mondo, tra le pareti della famiglia d'origine, poi nel chiostro, è stato straordinariamente lungo, come le aveva profetizzato il Santo Curato d'Ars, nel lontano 1858. Eppure, era già madre delle anime, con una «discendenza» numerosa, una «stirpe» che Dio dona solo alle vergini spose del suo Figlio divino.

Nei giorni che seguono il suo «sposalizio» con Lui, Madre Maria scrive: *«Vorrei gridarvi: l'Amore non è conosciuto, l'Amore non è amato! No, neanche da voi, è abbastanza amato, da voi, Figlie sue... Saperlo amantissimo e vederlo così poco amato, mi arde, mi consuma, mi divora l'anima e spesso prostra anche il corpo... Dio mio... rendi queste anime capaci di amarti e di sacrificarsi per Te! Amate o morite, perché chi non ama è già nella morte! Amiamo Gesù, amiamo Gesù!».*

Nel mese di settembre, da Berchem, si rimette in viaggio per provvedere alla fondazione di Aix. Si reca pellegrina a Lourdes, alla grotta delle apparizioni, e là indugia in lunga preghiera davanti all'Immacolata per raccomandarle la sua Opera e le nuove case che pensa di aprire.

Nel periodo in cui si trova a Marsiglia, il papà cade gravemente ammalato: Maria lo assiste fino all'ultimo respiro.

Papà si spegne dolcemente, ripetendo: «Vado in Paradiso, vado in Paradiso!». Alle sue «figlie» di Berchem, il 1° ottobre 1876, scrive: «*Auguro a tutte, quando sarà la vostra ora, una morte altrettanto pia e dolce. È in quel momento estremo che si trova la ricompensa dei propri sacrifici; allora saremo felici di aver dato tutto a Nostro Signore, di non aver vissuto che per Lui*».

È sola, ormai, nel mondo: ha compiuto con eroismo il suo servizio al fratello, alle sorelle, morti in giovane età, ai genitori spesso sofferenti, e nel medesimo tempo, tutto ha dato a Dio. Ora, non le resta che Gesù e la Famiglia che Lui le ha dato.

Il 15 giugno 1877, festa del Sacro Cuore di Gesù, Madre Maria di Gesù apre il suo secondo monastero ad Aix. Il Vescovo Mons. Forcade benedice la cappella e dà il benvenuto alle religiose appena giunte. La Madre, piena di riconoscenza, commenta: «*I due monasteri hanno una parte uguale nel mio cuore e desidero ardentemente che siano una cosa sola quanto al fervore, all'ubbidienza, all'umiltà, allo zelo e all'amore per Gesù! Ricordatevi che Gesù vuole degli angeli attorno al suo altare... questa parola dice tutto*».

Si ferma qualche tempo ad Aix, per essere di guida e sostegno alla comunità appena nata. Tristi notizie le giungono dalla società che la circonda. Dappertutto l'assalto delle forze nemiche al Cattolicesimo pare raddoppiato. In Italia, predominano ormai da anni gli elementi più anticlericali: dopo la presa di Roma, 1870, non solo gli Ordini religiosi erano stati soppressi con le leggi del 1854/55 estese a tutta la penisola nel 1866, ma nella stessa capitale erano state espropriate, in diciotto mesi, trentadue comunità religiose; le facoltà di teologia nelle Università erano state chiuse; i massoni si insediavano in ogni posto di comando, governo, parlamento, esercito, scuole, università...

In Germania, Bismark porta avanti il *Kulturkampf,* cioè, secondo lui, «la battaglia della civiltà», che deve eliminare il Cattolicesimo oscurantista e retrogrado, in nome del protestantesimo e del «libero pensiero», di cui il germanesimo deve essere il modello. Così Bismark spazza via dall'impero gli ordini religiosi; colpisce i preti che resistono con pene severissime, come la perdita della nazionalità, la prigione e l'esilio; dei Vescovi e perfino un Cardinale sono gettati in carcere. È la persecuzione, ma i cattolici, sostenuti dal Papa Pio IX, resistono e si organizzano in modo splendido.

Il prestigio del cancelliere Bismark è grande e la «guerra universale contro Roma» che egli sogna di allargare all'intera Europa, raggiunge altri paesi. Una mezza dozzina di stati prendono il passo da lui... In Svizzera, il presidente del consiglio di stato pretende di vedere la Chiesa Cattolica andarsene «con il bastone e la bisaccia»; il clero è sottoposto alle autorità laiche, anche protestanti; viene espulso, come già dicevamo Mons. Mermillod, il coraggioso Vescovo di Ginevra. Persino la Francia, la nemica di Bismark, si pone sulla via. Prima che il 1877 termini, in seguito alle elezioni politiche si diffonde ancora di più, in Francia, la lotta contro la Chiesa e gli Ordini religiosi[2].

Madre Maria di Gesù è consapevole - assai consapevole - di quanto sta avvenendo in Francia, in Europa e nel mondo, nel suo tempo, contro Cristo e contro la sua Chiesa. Nella lettera di auguri per il nuovo anno 1878 che sta per iniziare, ella scrive alle sue «figlie» di Berchem e di Aix:

«Il mondo non vuol saperne di Gesù Cristo: arrossisce di Lui, lo odia, lo disprezza strappandolo dai cuori e dalla

---

2. H. D. Rops, *Storia della Chiesa,* Marietti, Torino, 1969: vol. VI-1, p. 470; vol. VI-2, pp. 113-117.

società. A queste empietà sataniche, rispondiamo con aperta fermezza: *"GESÙ DEVE REGNARE!"* (I Cor, 15, 25), poiché *"A LUI APPARTIENE IL DOMINIO DEI SECOLI E TUTTE LE NAZIONI GLI SONO DATE IN EREDITÀ"* (I Pt, 4, 11).

Gesù, nostro Fratello, nostro Salvatore, nostro Amico e nostro Sposo, deve regnare pienamente in noi stesse, senza riserve né egoismo; deve regnare in tutti i cuori del mondo. Per questo suo regno, noi pregheremo, ci santificheremo, morendo quotidianamente a noi stesse.

Tutte noi saremo con Lui. Gesù regnerà... Più Egli sarà tradito e più noi lo ameremo. Apparteniamogli e amiamolo in eterno, perché deve regnare!».

9

«GESÙ SIA GLORIFICATO ALLA SERVIANNE»

Festa di dedicazione

Dall'8 settembre 1875, giorno della posa della prima pietra, il tempio al Sacro Cuore aveva continuato ad innalzarsi, bello e ardito, nel cielo di Berchem. All'inizio del 1878, è terminato, vero gioiello di architettura gotica, poema di pietra alla gloria di Cristo, «cantato» dai belgi cattolici. Papa Pio IX, il 29 gennaio 1878, lo eleva a «basilica minore».

Madre Maria di Gesù, che in questi anni è stata così contemplativa e operosa, così adorante davanti a Dio e insieme animatrice vocazionale e guida luminosa delle sue «figlie», sempre donna della carità e del servizio verso i suoi cari e verso la Chiesa, il 30 luglio 1878, scrive: «*Stiamo preparando una grande festa al Cuore del nostro dolcissimo Gesù*».

È ormai vicina la festa della dedicazione del santuario: Mons. Van den Berghe lo ha portato a compimento con intelligenza e zelo in ogni suo particolare, perché tutto sia bello e splendido per il Redentore. La nuova chiesa - come già dicevamo - è affidata alle cure delle Figlie del Cuore di Gesù. La Madre ne è felice.

Il 17 agosto 1878, il Card. Dechamps, Arcivescovo di Malines, assistito da cinque Vescovi e da Mons. Vincenzo Vannutelli, nunzio apostolico in Belgio, consacra il tempio di Berchem, in mezzo a una folla immensa che gremisce il recinto e i dintorni.

«Non si sa quale cosa ammirare maggiormente, l'armonia delle proporzioni che rammentano la "Sainte-Chapelle" di Parigi, o la bellezza delle vetrate, o le pitture con la lunga processione di santi che con le corone in mano si avviano all'altare dell'Agnello divino, o la magnificenza dell'altare stesso, vero capolavoro di oreficeria religiosa» (L. Laplace).

Quel giorno medesimo, Madre Maria di Gesù e le sue «figlie» lasciano la loro umile dimora e «prendono possesso» della basilica. Mons. Mermillod, Arcivescovo esule di Ginevra, le saluta con discorso eloquente:

«Dilettissime sorelle, senza dubbio il mondo domanderà che cosa fate, avvolte nelle vostre candide vesti; forse questo mondo vi irride e vi insulta. Eppure, se esso loda la suora di carità, che raccoglie gli orfani, consola i poveri e assiste amorosa e sollecita gli ammalati, che non sono altro che le membra languenti del Corpo Mistico di Cristo, quanto più dovrebbe ammirare e lodare quelle che consacrano la vita a lenire le ferite del Cuore stesso di Gesù, e sono, sto per dire, le suore di carità di quel Cuore adorabile...

Che cosa fate? ... Senza le anime vittime, che uniscono il loro olocausto a quello che Gesù compie sull'altare, il mondo rovinerebbe... Entrate dunque nella vostra basilica. Ai piedi di questo altare, pregherete per la Chiesa e per la salvezza delle anime, pregherete per il Belgio, affinché Dio gli conservi la fede; pregherete per la società intera e specialmente per quei paesi sacrileghi che io non nomino; per il mio, dove Gesù riceve tanti oltraggi. Con le preghiere, con le lacrime, con i sacrifici contribuerete al ristabilimento del regno di Gesù sulla terra. *Confidate! Il Padre Celeste ha dato le genti in eredità al suo Figlio diletto e Lui regnerà, nonostante tutti gli sforzi dell'inferno*».

Le feste della dedicazione del nuovo tempio si chiudono il 22 agosto 1878, con un'altra «dedicazione» ancora più grande: Madre Maria di Gesù e le prime quattro «figlie» dell'Istituto, offrono a Dio i voti perpetui, nella chiesa di nuovo gremita di fedeli.

Presiede la celebrazione Mons. De Necker, Arcivescovo di Melitene, e vi partecipa, con l'anima traboccante di gioia, il Padre Calage, venuto a raccogliere il frutto di trent'anni di preghiere e di lavoro, il più bello del suo sacerdozio. Alla sera della giornata, Padre Calage commenta: «*Ora posso cantare davvero il Nunc dimittis, ora posso ritornare a Dio*». Ma non ha ancora visto realizzato il «sogno» avuto nella sua infanzia, quando aveva «visto» se stesso sacerdote accompagnare due vergini al martirio... Dovrà attendere quell'ora, prima di andare a Dio.

Ora, Madre Maria Deluil-Martiny è davvero e per sempre tutta «*di Gesù*». Inanellata da Lui con l'amore eterno, una cosa sola le manca: il sigillo del sangue. Basta attendere ancora un poco: e l'avrà...

La Croce del Papa

Papa Pio IX, stilato il suo ultimo «breve» che erigeva a Basilica il santuario di Berchem, il 7 febbraio 1878 era morto, carico di giorni e di meriti. Il suo Successore, Papa Leone XIII, continua a dimostrare per le Figlie del Cuore di Gesù lo stesso affetto paterno. Prima che l'anno termini, Egli scrive al monastero di Berchem una stupenda lettera:

«Salutare e fecondo fu certamente il pensiero che mosse i cattolici belgi ad affidare il tempio eretto in onore del Sacro Cuore di Gesù, ad Anversa, nel quartiere di Berchem, alle vergini consacrate a Dio con il nome di Figlie del Cuore di Gesù... Queste sante vergini hanno corrisposto alla missione loro affidata con tanto zelo e pietà sotto la direzione della nostra carissima figlia in Cristo, Maria di Gesù, loro superiora; esse hanno pienamente corrisposto alla aspettazione nostra e del mondo cattolico».

Insieme alla lettera, il Papa invia a Madre Maria di Gesù una croce pettorale che porta nel centro l'immagine del Sacro Cuore di Gesù e nel retro il monogramma della Madonna: potrà portarla lei e quelle che le succederanno nella carica di superiora. Ecco, perché nelle foto rimaste, la vediamo con al collo questa croce. Per la Madre è null'altro che il riconoscimento datole dalla Chiesa riguardo il carisma dell'Istituto.

Così da sempre - fregiata della croce - ha voluto essere Madre Maria di Gesù nella santità più vera e più alta, che è configurazione a Gesù, irradiazione di Lui alle anime: *«I nostri cuori* - scrive il 18 dicembre 1878 - *sono ricolmi di gioia e di riconoscenza. Sforziamoci di mostrare a Nostro Signore che i suoi doni non arricchiscono delle ingrate e facciamoci sante. Allora sì che ci manderà altre anime! Se supplichiamo: "Anime, anime" e non vogliamo contribuire a conquistarle con atti virtuosi e con sacrifici, vana è la nostra supplica».*

Intanto, la prima casa di Berchem, dove era giunta nel giugno 1873, viene abbandonata e, grazie a diversi benefattori, sorge, accanto alla Basilica, un monastero con medesimo stile e proporzione, dove si trasferiscono le Figlie del Cuore di Gesù.

Il santuario diventa monumento nazionale del Belgio al Sacro Cuore, centro della «Guardia d'onore» e di altre opere consacrate alla sua gloria. Cominciano a giungervi pellegrini dal Belgio e da ogni dove. Nel mese di giugno, dedicato a Lui, il quartiere, solitamente silenzioso e tranquillo, diventa uno dei più animati di Anversa: ogni mattina vi arriva un nuovo pellegrinaggio. Almeno una volta all'anno, il Card. Dechamps giunge da Malines a celebrarvi la Messa e a visitare il monastero.

Nello stesso periodo, Leopoldo II, re del Belgio, prende l'iniziativa di innalzare a Bruxelles, capitale della nazione, sull'altura di Hoekelberg, un grandioso tempio al Sacro Cuore di Gesù: sarà *«la Montmartre»* del Belgio, così come la Basilica di Berchem è già la sua *«Paray-le-Monial»*. Di tutto, Madre Maria di Gesù è la silenziosa, intrepida animatrice.

«Un nido tra il cielo e la terra»

Ed ora per lei è giunta l'ora di aprire il terzo monastero. Il «castello» della Servianne, presso Marsiglia, lasciatole in eredità dalla mamma, diventerà presto luogo di preghiera e di contemplazione per le Figlie del Cuore di Gesù.

«L'estremo desiderio della mia compianta mamma - scrive Madre Maria di Gesù il 20 aprile 1879 - *sta per adempiersi con la fondazione della Servianne»*.

Era giunto, come Arcivescovo, a Marsiglia, Mons. Louis Robert, uomo di Dio e pastore zelante: sulle orme dei suoi illustri predecessori, Mons. Belsunce e Mons. De Mazenod, sarebbe stato anche lui l'apostolo del Sacro Cuore, con stile di padre verso tutti, in primo luogo per i sacerdoti e per i religiosi. Appena è informato che si sta per aprire una casa delle Figlie del Cuore di Gesù, alla Servianne, nella sua diocesi, ne approva il progetto e incarica il suo Vicario generale, Mons. Payan d'Augery, di trasmettere alla Fondatrice ogni facoltà per la fondazione.

Madre Maria di Gesù prova una grande gioia: per lei è come ritornare a casa, per trasformare il luogo più caro della sua giovinezza in dimora stessa di Dio e delle vergini consacrate. Immediatamente, manda una squadra di operai ad adattare l'edificio, fa viaggi e sbriga pratiche difficili: neppure la malattia la ferma.

Improvvisamente, il martedì 24 giugno 1879, conduce le sue novizie nella casa non ancora ultimata. Ella stessa così racconta «l'avventura»: «*Potete figurarvi la confusione e il trambusto. Gli operai sono sbalorditi, le suore sembrano gatti sperduti, si smarriscono in quel labirinto di corridoi, di porte e di sale... Il 25 e 26 giugno ripulimento in tutta regola, sgombero generale; mentre gli operai sono ridotti nelle loro trincee, si sbarazza da ogni parte... Il venerdì, abbiamo una prima Messa, in un'ampia sala: la galleria*».

Sembra diventata «una bambina» felice. «*Stimolando gli operai* - continua a raccontare - *conquistando loro il terreno palmo a palmo, nello stesso giorno, riusciamo a impadronirci della cappella; i tappeti, le tende sono a posto, l'altare è preparato: la sera del sabato si può benedire il nuovo ambiente. La domenica 29 giugno 1879, festa onomastica del mio povero padre, prima Messa solenne ed esposizione del SS. Sacramento per tutta la giornata...*».

Ora davvero alla Servianne, c'è Gesù vivo, Gesù Re, Gesù Dio. C'è *Tutto* alla Servianne. «*Quante emozioni* - annota Madre Maria - *quante gioie soavi e, per me, quante memorie a questa prima Messa, a questa prima esposizione del SS. Sacramento in questa casa materna! L'Amico divino viene realmente a prendere il posto di tanti cuori amici scomparsi! Mi pare che le anime di tutti questi assenti siano riunite intorno all'altare e si rallegrino e preghino con noi... Bisogna pregare affinché il Cuore divino sia servito, amato e glorificato dalle "colombe" della Servianne e si degni di moltiplicarle. Siamo dodici qui, numero ben piccolo per una casa così vasta».*

Il suo unico desiderio da sempre, «*che Gesù sia glorificato*» da lei e dalle sue «figlie», da tutti, sembra toccare il vertice più alto proprio lì, nella casa dei suoi avi antichi: lì anch'ella, come Gesù, «*avendo amato i suoi che erano nel mondo, li amerà sino alla fine*» (Gv, 13, 1), *sino al culmine più alto di chi dona la vita.*

La sua esistenza sembra aver trovato una pace grandissima, e, nonostante le sofferenze che non le mancano mai, una gioia immensa. Lo confida ad un'amica, con il suo stile da contemplativa, con la sua penna agile e brillante, in una pagina che è una tra le più belle della storia delle anime:

«*Piaccia a Dio che da questo piccolo nido di colombe, posto tra il cielo e la terra, si elevi un inno di amore che penetri i cieli! Qui l'orazione è continua... Di fronte, ai piedi, attorno alla nostra roccia si spiega, in tutto il suo splendore, la più ricca natura; il paesaggio si estende in praterie, si alza in poggi e colline, si incorona di boschi dal verde perenne. A sinistra, si succedono monti brulli e si apre la valle dell'Huveaune, coperta da un leggero velo di nebbia, a destra altri monti lontani, lontani e, sovrastante a uno di essi, quel famoso Pilon du roi, che vediamo anche dal nostro monastero di Aix, con tanta consolazione dei nostri cuori! A tergo le colline della Salette marsigliese e lassù Garlaban tutto spoglio; davanti, i villaggi sparsi nel verde, il mare immenso con il faro di Planier, la città intera di Marsiglia e Notre-Dame de la Garde, il cui grazioso santuario si delinea sul fondo del cielo».*

«Davanti al Sole»

La natura è straordinariamente bella alla Servianne e invita alla lode di Dio, ma ancora più splendida, per Madre Maria e le sue «figlie», è la cappella, dove c'è Gesù, il Sole:

«Questa collina, questa cappella, immobili nell'orizzonte e a cui le nubi, i raggi del sole, specialmente al tramonto fanno questa fantastica cornice, sono con la grande marina scintillante e splendida, il più bello spettacolo che si possa ammirare. Come vi si sente Dio grande, buono e potente e l'uomo piccolo, debole, ma infinitamente amato!

Come il cuore si eleva, come loda, ma anche come geme, perché questo celeste Amore non è amato. Lo si bestemmia dinanzi a queste meraviglie; lo si disprezza dinanzi a tutto questo sfoggio di bontà... E si prega e si invoca la misericordia divina, si ha sete di anime e del Cielo dove non ci sarà più odio né ribellione, ma solo amore e pace! Così si fa l'orazione esterna e in molti altri modi, perché ogni filo d'erba parla tacitamente al cuore.

Poi si fa l'orazione interna, in un angolo della cappella solitaria, presso il trono della grazia, davanti al Sole d'amore esposto sull'altare. Voi sapete meglio di me quel che vi si fa».

In questo «nido tra il cielo e la terra», che Dio ha dato a lei e alla sua Famiglia religiosa, Madre Maria di Gesù ha sete di attirare tante sorelle, perché alcune seguano Gesù unico Amore, nella via della consacrazione, e tante altre possano trascorrervi giorni di pace e di preghiera.

Così ad un'intima amica, scrive: *«Oh venga pure a fare un ritiro da noi. Quanto ne godrò! Qui vi troverà pace, affetto e soprattutto Gesù. Un vecchio maniero del tempo dei Romani, una natura agreste, aria, pini, rocce; stanze povere, ma dove sono rimasti, quasi reliquie del passato, alcuni oggetti di famiglia, affinché qualche cosa di quello che servì ai miei cari dell'eternità e che essi hanno veduto e toccato, serva a Gesù e alle sue Spose, ed essi ne abbiano gioia nel cielo. L'amore di Gesù non spegne nel cuore gli amori legittimi; li eleva, li trasforma, li unisce... Quando verrà, cara amica?».*

Qualcuno forse oggi può dire: «Ma questa è poesia!». Affatto, è realtà, vita vissuta e offerta. Madre Maria di Gesù ha sempre gli occhi aperti su quanto di aspro e di tenebroso capita in Francia e in Europa e, il 29 settembre 1879, così si rivolge alle sue «figlie»:

«I vostri cuori sono, come il mio, profondamente commossi per gli innumerevoli dolori inflitti alla santa Chiesa e per gli immani pericoli in cui l'empietà e la rivolta gettano la Francia e il Belgio, culla della nostra piccola società... Ecco, allora che noi troviamo un'umile missione da compiere per la quale speriamo di contribuire al trionfo della Chiesa e alla salvezza della patria. Poiché solo Dio, può salvarci, a Lui leviamo occhi e mani supplichevoli...

Convinte che Gesù aprirà i tesori della sua misericordia, se otteniamo che la SS. Vergine Maria, nostra Madre, interceda per noi, partecipiamo alla ''crociata'' organizzata per onorare il 25° anniversario della proclamazione del dogma dell'Immacolata Concezione (8 dicembre 1854-1879), affinché l'Immacolata faccia presto sentire al mondo e specialmente alla Francia, l'effetto della sua potente intercessione».

Anche alla Serviane, come già a Berchem e ad Aix, il clima di vita delle Figlie del Cuore di Gesù, guidate da Madre Maria di Gesù, è intenso e fervoroso... Passati alcuni mesi, l'Arcivescovo di Marsiglia, Mons. Louis Robert, il 25 febbraio 1880, approva le Costituzioni e, nel medesimo giorno, visitando la comunità che vi si è stabilita, erige la casa in monastero, con una stupenda lettera di lode.

«Il Padre» tra i perseguitati

Il 1880, appena iniziato, è un anno di bufera. La persecuzione contro la Chiesa, scoppiata di nuovo in Francia con i fatti della «Comune» di Parigi, assopita per alcuni anni, con il governo Mac-Mahon, era tornata a divampare nel 1877, quando era giunto al potere «il partito repubblicano» i cui membri si consideravano gli eredi della rivoluzione del 1789, laicisti, massoni, anti-cristiani.

«Il primo attacco - scrive Daniel Rops - fu sferrato sul terreno scolastico: di là, di conseguenza, passò su quello delle congregazioni religiose.

Un uomo lo diresse, Jules Ferry (1832-1893), ministro dell'Istruzione pubblica, massone e ateo che aveva chiesto alla loggia di sopprimere dagli statuti l'omaggio al ''Grande Architetto dell'universo''...

Tra i suoi provvedimenti riguardo alla scuola, un certo articolo 7 intendeva ritirare la direzione di un istituto di insegnamento pubblico o privato a qualsiasi membro di una Congregazione non autorizzata. Rientravano in questo caso le Congregazioni più potenti, tra cui i Gesuiti. E proprio queste, Ferry voleva prendere di mira. Egli proclamava la sua intenzione di strappare l'anima della gioventù francese alla Compagnia di Gesù.

In realtà il senato bocciò l'articolo 7, dopo una dura battaglia. Il governo replicò con due decreti, uno dei quali ordinava lo scioglimento della Compagnia di Gesù e l'altro concedeva un termine di tre mesi a ogni congregazione non autorizzata per mettersi in regola.

Venivano colpiti ottomila religiosi e quasi centomila religiose... I Gesuiti furono espulsi per primi... Cinquemila religiosi furono dispersi»[1].

A Marsiglia, l'espulsione dei Gesuiti avviene il 30 giugno 1880. L'uscita dei religiosi, dalla «casa della Missione di Francia», si trasforma in un trionfo: la gente si accalca attorno a loro, li acclama, bacia loro le mani e offre loro ospitalità, vero segno dell'impopolarità delle «leggi repubblicane». Padre Calage non esita un istante e va a bussare alla porta della Servianne, dove la sua grande «figlia» spirituale l'aveva già accolto negli anni passati e ora ha fondato il suo terzo monastero.

«Vengo a domandarvi asilo - dice, entrando, alle suore - ma non vengo solo, vi porto Gesù! Quante volte, dieci anni or sono, passeggiai per i vostri viali recitando le mie preghiere: Alla vista di questi meravigliosi pini, mi rivolgevo a Dio e lo supplicavo che inviasse qui tante Figlie del Cuore di Gesù quanti erano gli alberi che io vedevo. I miei voti sono stati esauditi e il Cuore di Gesù trionfa a dispetto dell'odio e delle trame di Satana».

Madre Maria di Gesù lo riceve, rispondendogli: «*Padre, poiché la mia famiglia l'ha accolto per otto mesi al suo uscire di prigione, bisogna che lei ci doni ora otto anni per quei otto mesi; prego Dio che la lasci otto anni come Padre, nella mia famiglia religiosa*». Queste parole si dimostreranno una profezia[2].

Da quel giorno, il Padre Calage si dedica alla guida delle suore della Servianne sui cammini di roccia verso le vette della santità: il perseguitato a causa di Cristo non solo offre nel silenzio la sua sofferenza per Lui, ma, con l'azione

---

1. H. D. Rops, *Storia della Chiesa,* vol. VI-2, Marietti, Torino, 1969, p. 135.
2. L. Laplace, *op. cit.,* pp. 234-235.

più intensa nelle «sorelle» di elezione che gli si affidano, prepara il suo trionfo più grande. E tra loro porterà a compimento il «sogno» della sua fanciullezza e la sua vita.

Intanto, la persecuzione contro la Chiesa aumenta la sua rabbia. Nell'ottobre 1880, nel sud della Francia, le espulsioni dei religiosi si fanno più violente. Madre Maria di Gesù prende un'iniziativa: organizza quaranta giorni di preghiera e di sacrifici in onore dell'Immacolata: «*È la Madonna* - spiega la Madre - *che otterrà il trionfo della Chiesa, la pace alla Francia, la fine della persecuzione contro gli Ordini religiosi. È Lei che raccoglierà sotto il suo manto il nostro piccolo Istituto per proteggerlo in questa burrasca*».

«Cor unum»

Davvero non le manca mai il patire, che nelle sue mani, diventa tutto offerta purissima, configurazione sempre più profonda a Gesù Crocifisso. Nulla sembra esserle risparmiato. La mattina del 30 novembre 1880, le «figlie» cercano la Madre che non vedono giungere in mezzo a loro. La trovano a terra, svenuta, pallidissima: è caduta rompendosi una gamba al di sopra della caviglia. Il medico, chiamato d'urgenza, viene soltanto al pomeriggio. Madre Maria di Gesù è bloccata a letto per tre mesi.

Da qualche tempo, soffre di reumi e di frequenti bronchiti ed è tormentata da un'eczema permanente alle mani e alle braccia. Tuttavia ha l'aspetto sempre lieto e contagia luce e gioia a coloro che l'avvicinano. Continua a lavorare, contemplativa come un angelo che fissa Dio e operosa come una missionaria intrepida del Vangelo: istruzioni bellissime alle sue «figlie», corrispondenza fitta con molte creature, viaggi per visitare i suoi monasteri e trovare vocazioni. Ha una cura speciale per suor Maria Elisa Le Vassor de Sorval, cui ha affidato il noviziato...

È molto felice, quando, libera dai rapporti necessari con il mondo, si ritrova nella sua comunità, tutta occupata dal suo Sposo, in una vita che considera «l'atrio del Paradiso». È molto amata dalle sue «figlie», che, il 28 maggio 1881, alla Servianne si stringono attorno a lei, per festeggiare il suo quarantesimo compleanno.

Nel loro «diario di comunità», esse raccontano: «Canti, sorprese, regali per l'altare del nostro amatissimo Gesù; niente fu dimenticato; demmo alla venerata Madre le più grandi testimonianze del nostro filiale affetto e della nostra gratitudine; ella ci rispose con una composizione poetica intitolata *Cor unum*». È quasi un testamento del suo cuore materno:

«*Quarant'anni!* - scrive - *che peso, quando il divin Giudice chiede conto del passato. Pregate per me, pregate che Egli mi sia propizio e che ciò che nel mio povero cuore gli spiace, sia cancellato dal gran libro*».

«*Quarant'anni! Sono un peso ben grave, quando amara è la vita e la croce è ovunque! Ma se vedo, o sorelle, la croce produrre in voi fiori e frutti, cento anni di croci sulla terra, per la vostra madre, diventano dolci*».

«*Ai vostri cuori commossi, il mio rivolge una preghiera: esauditela, o figlie; è il voto di una madre: facciamo un cuor solo* (=cor unum!) *nel Cuore di Gesù!*».

Una delle numerose strofe dell'*inno*, è dedicata a Madre Maria Elisa Le Vassor de Sorval:

«*Quando lascerò questa terra, sorelle, ella vi resterà; per voi, il mio cuore resterà nel suo buon cuore. Lasciandovi, io spero, se Dio lo vorrà, non andarmene completamente, ma in un'anima sorella, sentirmi ancor là: dolce speranza per la Madre vostra*».

Ed infine: «*Quaggiù come in Cielo, bisogna viver d'amore... Facciamo un cuor solo nel Cuore di Gesù!*».

Con questo spirito d'amore, alla Servianne - come a Berchem e ad Aix - c'è una gioia ineffabile, che non è di questa terra, perché viene da Gesù solo. Egli vi dimora, come nella casa di Betania, in mezzo ai suoi amici che lo ascoltano e lo servono; come nel cenacolo, tra i suoi chiamati, quando dona se stesso, nell'Eucarestia, mirabile presenza tra noi, e nel sacerdozio, suo prolungamento in mezzo agli uomini, l'intimità tra Lui e loro si fa sempre più profonda:

«*Se uno mi ama, osserverà la mia parola e il Padre mio lo amerà e noi verremo a lui e prenderemo dimora presso di lui*» (Gv, 14, 23).

«*Come Tu, Padre, sei in me e io in Te, siano anch'essi in noi una cosa sola (=ut unum sint), perché il mondo creda che Tu mi hai mandato*» (Gv, 17, 21).

Essere un cuore solo e un'anima sola, essere uno con il Padre e tra noi è la gloria più alta, la celebrazione più sublime della Redenzione di Cristo. Come avviene, alla Servianne, per la presenza di Madre Maria di Gesù, così irradiante di Lui.

10

«TRIONFA COME RE, O GESÙ»

Giorni incerti

In Francia, le «leggi repubblicane», continuano il loro corso, nonostante le proteste dei Vescovi, del Nunzio apostolico e di 400 magistrati che si dimettono dai loro incarichi per non applicare i provvedimenti ingiusti.

L'inquietudine, la paura di essere espulse dal monastero di Aix e pur da quello della Servianne, tocca anche le Figlie del Cuore di Gesù.

I loro giorni, tra il 1880 e l'82, si fanno incerti, rasserenati solo dalla confidenza e dall'abbandono in Dio - che è sempre Amore - e nella Madonna, dalla presenza di Madre Maria di Gesù che diffonde pace e fiducia intorno a sé. L'ultimo giorno dell'anno 1881, ella scrive alle sue «figlie»:

«Quest'anno si annunciava pieno di pericoli, di tempeste, di sciagure di ogni genere; umanamente parlando, tutto era da temere, nulla da sperare. La grazia divina poteva forse ispirarci cosa migliore del ricorso a Maria Santissima? Ci siamo rifugiate sotto il suo manto materno, l'abbiamo proclamata nostra Sovrana e, in modo specialissimo, Madre

nostra; abbiamo dato a Lei la responsabilità di tutti i nostri interessi spirituali e temporali. Ella ha corrisposto al nostro appello umile e fiducioso! Prima consolante realtà è che ci troviamo ancora tutte riunite ai suoi piedi, sotto il tetto di Gesù nei nostri piccoli monasteri, proprio quando gli avvenimenti esteriori facevano temere una dolorosa dispersione. In secondo luogo, abbiamo potuto conservare al Noviziato il nostro pastore (il P. Calage); la sua presenza, le sue preziose istruzioni sature dello spirito dell'Istituto, la sua insuperabile direzione... sono state per le nostre anime, immense grazie di cui non capiremo la portata che in Cielo».

L'esperienza della protezione della Madonna nel tempo ormai passato accresce in Madre Maria di Gesù la fiducia in Lei, per l'anno nuovo che sta per iniziare:

«Alla fine, è venuta Ella stessa, dolce Madre, Vergine Immacolata: dalla grotta benedetta di Lourdes è venuta da noi per assisterci e custodirci più da vicino, in quest'ora in cui sembra massimo il pericolo. L'anno nuovo ci fa presentire delle sciagure ancora più grandi... Dopo aver rivolto alla Madonna i nostri filiali ringraziamenti per il 1881, ci rifugeremo con una fiducia e un amore ancor più grandi tra le sue braccia di Vergine e di Madre... Ci nasconderemo nel suo Cuore sia per pregare e soffrire, come per cantare l'inno della riconoscenza, quando verrà l'ora del trionfo della Chiesa. Soltanto Maria ci condurrà a Gesù, ci custodirà vicine a Lui e ci offrirà a Lui».

Sì, tutto può farsi incerto e far paura, ma c'è una certezza assoluta che la Madonna indica: è Gesù redentore, con il suo sangue che salva, sul Calvario e nel calice dell'Eucarestia.

«Più felici degli Ebrei - scrive Madre Maria, ancora nella medesima lettera del 31 dicembre 1881 - *noi abbiamo il Sangue dell'Agnello immolato, Gesù Cristo, Nostro*

Signore. Bisogna coprire di questo Sangue nei tempi cattivi che viviamo, le porte, le case, i cuori e le anime nostre; immergiamo le empietà del mondo contemporaneo in un nuovo diluvio, quello del Sangue divino e della misericordia che fa discendere dal Cielo. L'oblazione del calice con il Sangue prezioso di Nostro Signore offerto continuamente alla SS. Trinità dalle mani dei sacerdoti sulla terra intera, sarà la nostra devozione di quest'anno e come il respiro delle nostre anime... Ci terremo nascoste nel calice divino, simili alla goccia d'acqua che il sacerdote mesce al vino sull'altare, affinché il nostro sacrificio si confonda con il Sacrificio del nostro Salvatore, e la sua oblazione con la nostra diventi un'unica oblazione».

Madre Maria di Gesù sa che «*la Messa è tutto*» nella Chiesa e nella vita dell'umanità: per questo dal 1° gennaio 1882, in poi, ogni giorno, ella farà celebrare la Messa, per le grandi intenzioni di riparazione e di impetrazione, per il mondo e per il suo Istituto, in un santuario di Francia. Dall'1 al 31 gennaio, avverrà al santuario di Nostra Signora della Guardia, caro a Marsiglia, poi a Lourdes, a Montmartre, alla Madonna delle Vittorie, a La Salette, a Paray-le-Monial...[1].

«A La Servianne, sono in casa mia»

Nel mese di aprile 1882, è costretta a chiudere il monastero di Aix, dalle numerose difficoltà venute dall'esterno e dalla minaccia di proscrizione da parte del governo francese. Le religiose sono accolte, in parte a Berchem, in parte alla Servianne.

---

1. Sul valore infinito della Santa Messa, si veda: E. Zoffoli, *La Messa è tutto,* Ed. Fonti vive, Roma, 1989; E. Zoffoli, *Questa è la Messa. Non altro!,* Ed. Segno, Udine, 1994.

Madre Maria di Gesù scrive: «*Legalmente, non hanno alcun potere su di noi: alla Servianne, sono in casa mia, nel domicilio che appartiene alla mia famiglia da quattro generazioni e nessun tribunale mi ci può mandare fuori. Però in nome della rivoluzione, con la sommossa, i malvagi potranno quanto Dio permetterà loro. Là non vi sono più regole che tengano. Quanto a noi, rimaniamo molto tranquille...*».

Sembra, intanto, che Dio, con la chiusura del chiostro di Aix abbia voluto raccogliere attorno a lei, nei suoi ultimi anni, la maggior parte delle sue «figlie». Nonostante il vento gelido che soffia nel mondo, c'è una gran pace e un clima caldo d'amore alla Servianne, la casa di Maria Deluil-Martiny, diventata ormai la casa di Dio, il cenacolo e il trono di Gesù Sacerdote e Ostia. Lì Madre Maria di Gesù porta, con Lui, a compimento la sua offerta, nel silenzio e nell'adorazione, nel lavoro e nell'immolazione con il Crocifisso, nella direzione spirituale di coloro che le sono affidate.

Il suo spirito trabocca nelle lettere e negli scritti, belli e densi come una storia d'anima con il suo Sposo, in cui l'unità si fa sempre più perfetta.

«*Lei mi chiede* - scrive a Madre Maria Elisa le Vassor de Sorval - *che cosa maggiormente può stringere la sua unione con Gesù; veramente non ho nulla da aggiungere a quello che già sa. Ogni giorno, Egli l'offre con se stesso sull'altare e ogni giorno Lo riceve nel suo cuore; le ha dato il suo Cuore, la sua Croce, il suo Calice... Egli l'ammette di continuo ai suoi colloqui. Egli è tutto suo e Lei è tutta sua.*

Quando Gesù ama un'anima come la sua, non fa il suo lavoro a metà, purché l'anima lo lasci fare... Abbia i desideri di Gesù: sete della gloria del Padre, sete di anime, della sua unione con noi, sete di immolazione e di sacrificio, di annientamento e di donazione... Gesù considera questi desideri come atti, questi slanci come veri sacrifici, questa sua sete come altrettanti meriti» (1 giugno 1882).

Alle sue «figlie», la Madre vuole comunicare la sua stessa fiamma, la medesima che arde nel Cuore di Cristo e che può compiere il capolavoro di trasformare le più umili creature in un incendio di amore per Lui e per la Chiesa, anzi in «incendiarie» di Lui, del suo amore, nel mondo:

«Se non devono essere tutti per Te, Re sommo - prega Madre Maria di Gesù- *perché darmi questi cuori? Oh, vorrei essere anatema, perché un gran cuore di più ti glorifichi e ti ami. Regna, Sposo santissimo, regna... o morirò!».*

Alla medesima Madre Maria Elisa, rivolge l'invito: *«Figlia mia, sia lei questo cuore grande... Che Gesù le tolga il suo cuore di carne e le doni il suo per amarlo in modo che le sue fiamme divine siano il suo amore per Lui, e lei non viva più, ma Gesù in lei; il suo povero cuore così sostituito lo inabissi nel Cuore adorabile e viva nascosta in Dio con il suo Sposo Gesù»* (16 ottobre 1882).

Nei giorni che seguono, Madre Maria Elisa è nominata maestra delle novizie: *«Ora* - la incoraggia la Fondatrice - *lo Sposo le domanda "figli", eredi della sua croce e della sua gloria; altri-Cristi le domanda, cioé anime... Egli vuole che la sposa diventi umile per Lui... "Mi ami tu più degli altri" domandò Gesù a Pietro. E gli disse "Pasci le mie pecorelle"* (Gv, 21, 15, 16). *Anche Maria SS. ricevette da Dio, prima il giglio della verginità, poi Gesù, quindi le anime... I prediletti da Dio seguono questa medesima via, nella misura dell'amore di Gesù e della sua grazia»* (10 novembre 1882).

La Servianne, è diventata ancora di più, la casa di Madre Maria di Gesù, dove a lei, vergine di Cristo, è data fino ad oggi una lunga, numerosa discendenza, secondo lo Spirito.

Il privilegio del dolore

Non c'è madre cui non tocchi soffrire. Non ha più parenti da perdere ormai - li ha persi tutti, uno per uno - ma più volte ancora, è colpita nelle persone che più ama, tra coloro che l'hanno aiutata o seguita nella sua missione.

Il 21 agosto 1882, nel suo Istituto, suor Maria Teresa, una delle prime Figlie del Cuore di Gesù, muore troppo presto, troppo giovane. Madre Maria soffre come una mamma che ha perso una figlia carissima.

Non è mai priva delle sue pene interiori, che, nel corso della sua esistenza, spesso l'hanno tormentata. Sente gravare sulle spalle tutta la responsabilità della guida delle «figlie» che si sono affidate a lei e, spesso, nella sua umiltà, si sente insufficiente a reggere il peso. Prega intensamente, chiedendo luce e energia, affinché nessuna di loro vada perduta (Gv, 6, 39), anzi possa giungere alla santità.

Salendo ogni giorno sempre più verso l'alto, è come abbagliata dalla luce, dalla perfezione assoluta e dalla bellezza ineffabile di Dio. Le sembra che la sua anima sia ancora offuscata dalle miserie umane della sua esistenza. L'assalgono i ricordi del passato, dei lutti familiari attraverso cui è passata; delle difficoltà del suo spirito, quando era oppresso dalle tenebre. Le si fa vivo e lancinante, il rimpianto di non aver amato Dio e i fratelli, come avrebbe voluto. In una parola: è Dio che la purifica ancora e la prepara alla vetta, là dove, in Lui, avverrà la totale trasfigurazione nel suo Figlio diletto.

In mezzo alle sue «figlie» e a tutti coloro che avvicina, Madre Maria di Gesù appare sempre serena, affabile, persino ilare: proprio come una mamma vera che non fa mai soffrire i suoi, anzi, li vuole condurre tutti all'intimità con Dio, alla gioia di farsi sempre più «uno» con Lui. Quelli che la incontrano, la vedono luminosa, la sentono affascinante. Il privilegio del dolore, cui Gesù fa partecipi in modo singolare i suoi prediletti, le lacrime che lavano il cuore e il volto sono lacrime nascoste e la rendono ogni giorno più splendente.

Il Padre Calage la rassicura, la illumina, la incoraggia nell'ultima rampa del cammino, quella che conduce all'olocausto.

Intanto, si avvicina il decimo anniversario della fondazione dell'Istituto, che si sarebbe celebrato nel giugno 1883. Madre Maria di Gesù, è sempre più consapevole dell'empietà che sale come una marea: sposa di Cristo e figlia della Chiesa, appassionata per il suo trionfo e per la salvezza delle anime, redige una lettera circolare, indirizzata a ciascuna delle sue «figlie» di Berchem e della Servianne, per spingerle alla donazione totale[2].

La lettera porta la data significativa dell'8 dicembre 1882, festa dell'Immacolata Concezione di Maria, Colei, che fin dall'inizio della sua esistenza, dal primo istante del suo concepimento senza colpa originale, ha spezzato il capo al diavolo. È l'ora di invocare l'Immacolata, perché compia ancora la sua missione di vincere satana e il peccato nel mondo e di portare tutti al Figlio suo. È l'ora, per ogni anima consacrata, di continuare la missione della Madonna nella storia.

A questo chiama la lettera della Madre.

---

2. Maria di Gesù Deluil-Martiny, *Lettere,* Tip. Piave, Belluno, 1981, *Lettera dell'8 dicembre 1882,* pp. 268-289. La medesima lettera è stata pubblicata, in volumetto, dal titolo: *«Acqua viva»,* a cura delle Figlie del Cuore di Gesù, Roma, 1991, centocinquantesimo anniversario della nascita della Fondatrice.

«Siete nate per i nostri tempi»

Un inno di lode a Dio e al suo Cristo, a Maria Immacolata apre la lettera scritta per il primo giubileo della fondazione. E insieme un grido, una dichiarazione d'amore totale, travolgente della sposa al suo Sposo divino: «*Amore, amore! Amore a Dio che ha tanto amato il mondo da mandare il suo unico Figlio per salvarlo. Amore all'Agnello che ci ha lavati nel suo Sangue adorabile e si è immolato per redimerci! Amore a Gesù-Ostia che da dieci anni si degna di rimanere esposto sui modesti altari dei nostri monasteri! Amore al Cuore divino che ha conquistato i nostri cuori*».

Ha un solo intento, Madre Maria: «*Sorelle e Figlie carissime, vorrei comunicarvi la celeste passione di Gesù Cristo. Egli è venuto a portare il fuoco dell'amore sulla terra; che posso desiderare se non che esso infiammi le vostre anime?*».

Proprio per accenderle di questo fuoco, Madre Maria di Gesù, con una conoscenza, che stupisce, della storia del passato e del suo tempo, apre le sue «figlie» a vedere «*come è odiato in questo tempo infelice, Colui che amiamo; quanto è disprezzato Colui che adoriamo; quanto è oltraggiato Colui che serviamo*».

«*Nella pace dei vostri monasteri, a mala pena vi giunge l'eco lontana delle bestemmie del mondo. Senza dubbio... avete intravveduto qualche cosa degli errori dei tempi attuali; addolorate per gli oltraggi fatti a Dio, voi avete deciso di consacrarvi tutte a Lui nella preghiera e nella riparazione. Ma lasciate che ve lo dica, mie care figlie, voi riparate ciò che ignorate; il male è assai più grande di quanto supponete; maggiore e più incalzante è quindi la necessità, più imperioso è il dovere che si impone a ciascuna di voi di controbilanciare questo male, almeno nella misura delle sue deboli forze.*

Mi semba opportuno invitarvi a volgere con me uno sguardo più attento sul nemico del divin Maestro, perché conoscendo meglio le sue astuzie e i suoi disegni, il vostro zelo si accresca... affinché quando il Sangue di Gesù Cristo offerto sull'altare grida misericordia al cospetto del Padre, le vostre anime associate alle divine operazioni di Gesù, confondano con ardore ancora più grande la loro voce e la loro penitenza con la voce e il sacrificio di quel Sangue che riscatta la salvezza del mondo.

Del resto, voi siete nate precisamente per i tempi in cui ci troviamo: la vostra vocazione essendo appunto la lotta spirituale fatta con le armi della preghiera e della immolazione, contro satana e la forma attuale dei suoi assalti; ciò che voi dovete contribuire a riparare è il male che egli fa in questo secolo; ciò che voi avete a ottenere è l'esaltazione di ciò che egli si sforza di abbassare, rovesciare e distruggere; ciò per cui dovete sacrificarvi è quanto egli ha preso di mira con una rabbia che non conosce limiti».

La Madre cita le Costituzioni dell'Istituto:

«*Questa umile Congregazione è sorta come un fiore del Calvario, da un pensiero di dedizione e di amore per i Cuori Sacratissimi di Gesù e di Maria, per la Santa Chiesa e per il Sacerdozio; e da un pensiero di riparazione per gli innumerevoli oltraggi che, in questi tristi tempi, sono fatti alla Maestà divina e alla nostra santa Religione. L'inferno e il mondo attualmente dicono: Tutto senza Gesù Cristo! Essi vogliono scacciarlo dai cuori, dalle famiglie e dalle nazioni. Noi invece dobbiamo rispondere come la Chiesa e con la Chiesa: TUTTO PER GESÙ CRISTO!».*

«Un vasto movimento generale»

A questo punto, nella medesima lettera, l'analisi del suo tempo si fa di una lucidità estrema, di una chiarezza sconcertante, profetica:

«Senza dubbio, dopo il peccato originale, il male è sempre esistito: l'antico nemico del genere umano, che è pure e soprattutto il nemico di Dio, ha in ogni tempo cospirato per la perdita delle anime; ma mai come oggi, ha osato far guerra con tanta audacia, con tanto cinismo e tanta perfidia. La lotta riveste, da un secolo e mezzo in qua, un carattere particolare che deve ispirare le più serie riflessioni. Non si tratta più, come una volta, di un attacco a qualche punto del dogma e della morale cattolica... e neppure della rivolta accidentale e locale contro qualche principio. Si tratta ora di un vasto movimento generale contrario a tutte le Verità religiose, a tutti i principi della morale e a tutte le basi della società religiosa e civile.

Questo male è universale, esso si estende a tutti i popoli del mondo, senza differenza di clima, di razza, di governo, avviluppando le intelligenze in una vasta rete di menzogne coperte da parole seducenti. Nella mente di moltissimi, tutte le Verità sono minimizzate; le più strane aberrazioni accreditate; gli errori più evidenti acclamati, i principi più sovversivi proclamati e accettati».

In questa pagina, Madre Maria, dopo aver fatto proprio lo studio condotto dal Card. Dechamps nel libro «*Le società segrete e la società*», così approfondisce il suo discorso:

«Di fronte alla Chiesa, si erge, quasi svelata, resa ardita dalle sventure dei tempi, l'infernale chiesa di satana, che per lungo tempo ha ordito le sue congiure nell'ombra... Essa cerca pazzamente di annientare i diritti di Dio in questo

mondo, di rovesciare la Chiesa e ogni base dell'ordine sociale cristiano; di esaltare la pretesa perfezione naturale dell'uomo e la sua indipendenza da Dio, il dominio della materia, del disordine, dell'empietà; infine la negazione stessa di Dio...

Causa agente di questo male immenso sono dunque le società segrete, la cui diffusione è divenuta prodigiosa e che, in un modo o nell'altro, sembrano far capo alla massoneria, e a questo male si dà il nome di rivoluzione sociale e religiosa, sia pure con interpretazioni diverse».

Nulla sfugge a Madre Maria di Gesù della situazione del suo tempo e, nella sua lettera, continua imperterrita:

«Qui non si tratta di politica; la politica è una maschera per le sette; esse accettano qualsiasi forma di governo, purché possano guidarlo, corromperlo e raggiungere per suo mezzo il loro scopo infernale. Stolta ed empia utopia! Hanno persino creduto, dicono, dimenticando l'intervento divino e le promesse fatte da Gesù Cristo alla sua Chiesa, di poter un giorno metter le mani sul Papato e collocare uno dei loro sulla Cattedra di Pietro per rendere la rivoluzione padrona del mondo e sostituire il regno di Gesù Cristo con quello di Satana.

Questi disegni sono costantemente sventati dall'assistenza soprannaturale che Dio dà alla sua Chiesa. Governare le anime per il trionfo del male, tale è lo scopo delle sette segrete. La Chiesa sola ha il diritto e il potere di governarle per condurle a Dio...

È l'empia e satanica apoteosi dell'umanità, ossia l'uomo sacrilegamente messo al posto di Dio... La setta segreta... fa entrare i suoi addetti nei consigli delle nazioni, perché vi combattano con trame segrete e astute ciò che è contrario ai suoi fini; quando può, sale al sommo del potere sociale per realizzare con leggi empie lo scopo tremendo che si prefigge, scopo, che, ai nostri giorni, a motivo del numero considerevole dei suoi membri, nasconde a mala pena sotto veli trasparenti e falsi, incapaci di ingannare le persone oneste. Noi ne siamo addolorati testimoni.

Che sono quelle leggi che opprimono le giuste libertà della Chiesa? Perché la spogliazione degli Stati della Santa Sede? La prigionia imposta al Sommo Pontefice? Perché la violazione del domicilio dei Religiosi e la dispersione delle loro comunità? Perché quelle misure contro il reclutamento delle vocazioni al sacerdozio? Perché quella licenza delle ragazze? Perché quegli attentati sacrileghi ai santuari cattolici, quelle scuole senza Dio, quegli ospedali senza preti? Perché quelle leggi disgreganti la famiglia, quel togliere il Crocifisso dai cimiteri e dovunque quell'odio a Dio inoculato nei fanciulli innocenti? Quella libertà sfrenata concessa a pubblicazioni corruttrici e alla propaganda di dottrine sovversive e scandalose? Quella violazione dei più sacri diritti, perché?

Non è forse tutto questo il realizzarsi a faccia scoperta, con mezzi che fanno credere legali, delle dottrine accettate e dei punti da tempo deliberati nei conciliaboli massonici, già tante volte segnalati dai Sommi Pontefici, come distruttori di ogni morale, di ogni società, e di ogni religione?».

È una religiosa, Madre Maria di Gesù, una contemplativa, una claustrale, ma non vive sulle nuvole, fuori del mondo. Neppure è ignorante né ingenua. La famiglia e l'ambiente da cui proviene le hanno aperto gli occhi su tutto. Così il quadro che traccia in questa lettera dell'8 dicembre 1882, è completo, la visione della storia è lucidissima dall'origine del mondo al nostro tempo, con una conoscenza chiarissima di quanto genera nella società, dal Settecento ad oggi, la ribellione contro Cristo e la sua Chiesa.

Madre Maria di Gesù, guidata da Lui, ha dato vita alla sua Opera, proprio come risposta alla storia del suo e del nostro tempo, come già abbiamo detto. Ora non si ferma all'analisi dei mali e indica la strada della salvezza per le sue «figlie» e per noi.

Gesù, Gesù solo!

Nella seconda parte della lettera, ella scrive: «*A vedere il trionfo dell'errore... quell'apparente legalità con la quale si vuole legittimare tanto male, dovremmo noi disperare del presente e dell'avvenire? No, sorelle, mai! Gesù ha vinto satana e il mondo!*

A Gesù Cristo appartiene ogni potenza; al suo Nome ogni ginocchio si piega anche negli abissi. Le nazioni gli furono date in eredità. Mentre Egli lascia che il mostro infernale si dibatta ai suoi piedi in fugaci e falsi successi, Egli vince e trionfa; gli Angeli già cantano la sua vittoria definitiva... Le porte dell'inferno non prevarranno contro la Chiesa da Lui fondata. Il trionfo finale non è per coloro che portano l'insegna del dragone ma per noi che portiamo il nome di Gesù Cristo sulle nostre fronti e il suo amore nei nostri cuori!

La Chiesa procede di lotta in lotta, di conquista in conquista, sino all'eternità beata. Sbaglierebbe chi volesse, nel momento presente giudicare l'insieme delle cose. Noi abbiamo la promessa e la sicurezza della vita eterna e, quel che conforta, Dio trionfa tanto più grandiosamente quanto più a noi è costata la vittoria...

Il nostro compito è di dissodare, lavorare a smuovere faticosamente il terreno! altri raccoglieranno la messe... ma questa, feconda e copiosa, sarà collocata certamente nei granai del Padre celeste... Modesti operai di questa grande opera, lavoriamo nel silenzio e nella speranza. Preghiamo: è la condizione del successo; ripariamo, perché il dolore supremo è di vedere Dio oltraggiato e bestemmiato; soffriamo, lottiamo, moriamo, se occorre, sicure che lassù la Provvidenza veglia, l'Onnipotenza di Dio ci assiste e riuscirà vittoriosa... Noi siamo della stirpe di Maria santissima, che Dio stesso ha posto nell'inimicizia perpetua con la razza di satana, stirpe alla quale Egli ha dato la vittoria per mezzo di Gesù Cristo, senza però esimerci dalla fatica né privarci dell'onore e del merito della lotta».

Davanti al rifiuto di Gesù Cristo e della sua Chiesa, Madre Maria di Gesù non propone dei valori umani, per quanto alti, come risposta e rimedio, ma richiama con urgenza a Gesù Cristo stesso, alla sua Persona, alla sua opera di salvezza. Ella sa che i valori umani non esistono senza di Lui, perché sono soltanto il suo riverbero, come i raggi lo sono del sole. Ella è sicura che dei valori umani nessuno si innamora, mentre Gesù Cristo affascina, avvince e innamora. Ella è certissima nella fede che solo Gesù Cristo è la Via, la Verità e la Vita (Gv, 14, 6), l'Unico Salvatore dell'uomo e della società, che «non c'è altro nome sotto il cielo, all'infuori di Gesù Cristo, grazie al Quale possiamo essere salvati» (At, 4, 12). Ed è così che scrive:

«L'ideale delle sette è di scacciare Gesù Cristo dal mondo, di abolire persino la memoria della sua dottrina e di strappargli le anime; bisogna dunque, sorelle, amare Gesù Cristo, unirsi a Gesù Cristo, imitare Gesù Cristo, conquistare le anime a Gesù Cristo.

Bisogna amare e unirci a Gesù Cristo. Amiamolo da vergini e da spose. L'Istituto è innanzi tutto un'opera di amore; perciò esso non accoglie che anime ripiene di un amore generoso, delicato, ardente... Dobbiamo esaltare Gesù con l'adorazione, con lo splendore del culto, con immenso rispetto, con fede vivissima e la virtù di religione portata al suo più alto grado, che, attinta in Gesù Cristo, risale dalle nostre anime a Lui e, per Lui, all'adorabile Trinità...

Bisogna imitare e unirci a Gesù Cristo. L'inferno vuole abolire la dottrina di Gesù Cristo? Noi lo seguiremo e lo imiteremo il meglio possibile, proprio in ciò che si oppone alla dottrina delle sette. Esse predicano l'orgoglio, la ribellione, l'indipendenza; noi impareremo, alla scuola di Gesù, la mitezza, l'umiltà, il sacrificio, l'ubbidienza.

Le sette insegnano l'edonismo, il materialismo e il più gretto egoismo; noi vi opporremo la ricerca della più totale abnegazione... un amore generoso alla croce, lo spirito di unità con Gesù immolato, che non è altro che lo spirito stesso del Cristianesimo; vi opporremo una squisita purezza, le caste delicatezze della verginità, la dimenticanza dei nostri interessi personali e l'intero sacrificio di noi stesse per la maggior gloria di Dio.

Ed infine... tenderemo a realizzare l'ultima preghiera di Gesù: "Siano essi una cosa sola! Vi riusciremo con il rispetto dell'Autorità, l'obbedienza alla Gerarchia della Chiesa, l'amore alle tradizioni e alle Regole, con un'intensa carità e una così intima unione che faranno di noi un cuore solo e un'anima sola nel Cuore di Gesù.

Bisogna conquistare anime a Gesù Cristo... Una Figlia del Cuore di Gesù deve essere non solo un altro Gesù-Ostia per lo spirito di oblazione e di immolazione, ma deve essere anche un altro Gesù Redentore "compiendo in sé ciò che Gesù Cristo deve ancora soffrire in noi per la formazione del suo Corpo che è la Chiesa", nelle stesse intenzioni del sacrificio di Nostro Signore, che sono la gloria di Dio e la salvezza delle anime, "il servizio dei sacri interessi del suo Cuore, della Santa Chiesa e del Sacerdozio cattolico, per mezzo della preghiera, del sacrificio, della diffusione della devozione verso il Cuore adorabile di Gesù e verso la Vergine Immacolata, Regina e Ausiliatrice della Chiesa".

In una parola - quasi grida Madre Maria di Gesù, con la vita e con la parola - *Gesù Cristo deve regnare, deve tornare a regnare, in ogni uomo e donna, nella famiglia, nel lavoro, nella cultura, nella scuola, nella politica, nella società intera. "Egli deve regnare"*» (I Cor, 15, 25).

La regalità di Cristo

La lettera dell'8 dicembre 1882, che si era aperta con il quadro oscuro della storia contemporanea, si chiude nella luce radiosa di Cristo Re e Signore della Storia e dell'universo intero, con l'invocazione e l'offerta totale, senza limiti né condizioni, a Lui, affinché Egli regni. Madre Maria di Gesù, illuminata dalla sua luce divina, rivela uno sguardo profetico sulla società e sulla storia. Scrive:

«*E poiché ogni errore ha sempre condotto al trionfo spirituale su ciò che esso combatteva, è certo che la Chiesa godrà in futuro di una meravigliosa fioritura di Ordini religiosi e di uno splendido risveglio di vita cristiana*».

Quando così parla con tanta sicurezza nell'azione del suo Sposo, forse non sa (o lo vedeva in Dio?) che proprio nel suo secolo in cui i potenti della terra cercano la distruzione degli Ordini religiosi, avviene nella Chiesa la più grande fioritura di nuove Famiglie di consacrati e anche quelli apparentemente colpiti a morte già stanno rinascendo a vita nuova, per quella presenza di Cristo vivo nella storia, che nessuno può fermare. Per esempio - scrive lo storico F. Molinari - in Italia «il Risorgimento scomunicato, nel 1866 annienta tutte le congregazioni religiose: in quel secolo sono spuntate, solo in Italia, più di duecento nuove formazioni religiose. Come si spiega questa alta marea di anime se non ci fosse una Forza trascendente? Se Cristo non fosse Figlio di Dio, come potrebbe esercitare un fascino così travolgente? Se due casi non possono avvenire a caso, come si spiegano milioni di casi?»[3].

È proprio questo Gesù, il Cristo risorto e vivo, che dal giorno in cui disse: «*Quando sarò innalzato, attirerò tutti a me*» (Gv, 12, 32), che avvince a sé la vita e l'amore, l'umanità e la storia. È proprio Lui, presente in mezzo a noi, sino alla fine dei secoli, come ha promesso (Mt, 28, 20), che regna, nella Chiesa e nel mondo e non ci sono filosofi, per quanto saccenti o duci rossi o neri, per quanto prepotenti, che possano vincerlo e arrestarne il cammino di Trionfatore, anche se spesso bagnato di lacrime e di sangue.

È la sua regalità di luce e di amore, la regalità del Cristo. *Qualsiasi ordine mondiale, antico o nuovo che si voglia, non può mai essere pensato né costruito dai potenti della terra, ma può solo corrispondere al disegno stabilito da Dio, che* «*ci ha scelti in Cristo prima della creazione del mondo*» (Ef, 1, 4): «Cristo è l'immagine del Dio invisibile, generato prima di ogni creatura... Tutte le cose sono state create per mezzo di Lui e in vista di Lui. Egli è il Capo del corpo, cioé della Chiesa, il principio, il primogenito di coloro che risuscitano dai morti, per ottenere il primato su tutte le cose» (Col, 1, 15-18). *Nel piano di Dio, l'ordine mondiale può essere solo il primato di Cristo, la regalità di Cristo*[4].

Madre Maria di Gesù lo sa e conclude la sua lettera-circolare per il primo giubileo della sua Famiglia religiosa,

---

3. F. Molinari, *Mille e una ragione per credere,* Ed. Paoline, Alba (CN), 1989, p. 91.
4. Sulla Regalità di Cristo, si veda: E. Zoffoli, *Cristianesimo. Corso di Teologia cattolica,* Ed. Segno, Udine, 1994, pp. 471-512; E. Zoffoli, *Incontro al Mistero,* Ed. Segno, Udine, 1992, pp. 133-267.

con un'ardente invocazione a Cristo: «*E se la mia povera vita può servire a condurre a Te le anime di cui il tuo Cuore ha sete e a coprire di ostie vive i tuoi sacri altari, prendila, te ne supplico, o Amore mio, ma trionfa come Sposo sulle anime dell'Istituto e come Re su tutti i cuori!*».

È il diritto assoluto di Dio e del suo Cristo a regnare sulla società umana. Contro questo diritto, nessun laicismo, nessuna rivendicazione dell'uomo come legge a se stesso, può opporsi, a meno di non volere la disgregazione dell'uomo e della società. Eppure nulla urta di più l'istinto razionalista come questa «pretesa» del Cristianesimo a penetrare non solo la vita privata, ma tutta la vita sociale. Tuttavia nulla è più fondato di questo «primato di Cristo»: rifiutarlo è il disordine più grave che esista, il rifiuto stesso del disegno di Dio.

Per la regalità del Cristo, che urta il mondo, Madre Maria di Gesù offre a Dio la sua vita. Nell'ombra, già qualcuno, contro di lei, prepara la rivoltella.

11

«PRENDI LA MIA VITA, AMORE MIO»

«Tutto passa»

Il 1883 porta il decimo anniversario dell'Istituto. Madre Maria di Gesù è più che mai sulla breccia nella sua opera di fondatrice, di guida materna delle sue «figlie», orientandole continuamente a Gesù, Lui che solo è il Maestro e l'Educatore fino alla sublimità di Dio.

«*Gesù* - scrive a Madre Maria Elisa Le Vassor de Sorval - *la spinge alle virtù forti per una strada ove è più difficile che in altre cadere nelle illusioni e nell'errore... Gesù stesso farà la parte più difficile di quel che chiede... Egli solo lo può. Si tratta di abbandonarsi totalmente alla sua azione divina... Tutte le bontà della terra sono smorfie in confronto di questa somma, tenera, immensa e indulgente Bontà che ci conduce con infinito amore dalla terra al Cielo. Faccia completo affidamento sul suo Gesù; Egli può fare quanto sembra difficile alla nostra natura, s'incarica di tutto nell'anima umile, abbandonata alla sua divina azione*» (5 febbraio 1883).

Dal monastero di Berchem, in occasione del 20 giugno 1883, giorno dell'anniversario della fondazione, le «figlie» scrivono alla loro Madre lettere di ringraziamento e di augurio. Ella risponde loro, con il suo stile incantevole: «*In alto i cuori, figlie care, lassù dove regna glorioso Colui che è il nostro unico Amore. In alto i cuori, non solo in Cielo, ma nel Tabernacolo dove dimora, amando e pregando Colui che ci basta quaggiù e senza il Quale nulla ci può bastare*».

Le suore di Berchem avevano dovuto soffrire per diverse difficoltà. La Madre le rassicura: «*Questi contrattempi staccano da tutto e uniscono in Dio, facendo comprendere che anche gli affetti più santi sono un nulla, che solo Dio è tutto. Lui solo non viene mai meno... Bisogna imparare a essere felici con Gesù solo, questa è la vera felicità della terra, ed essa sarà un giorno la nostra estasi eterna*» (23 giugno 1883).

Proprio nella primavera di quell'anno, il 7 marzo 1883, era morto ad Anversa, il Padre Le Grelle, il gesuita che non solo aveva revisionato le Costituzioni, ma che fino all'ultimo aveva seguito con interesse paterno il monastero di Berchem. In una delle sue ultime visite, sentendosi prossimo alla fine, aveva detto a una suora: «Preghi per me, quando saprà la mia morte. E non dimentichi mai questo: patire, sempre patire!». La sua scomparsa è una sofferenza grande per la Madre e per tutte.

Anche, attraverso questi distacchi, Dio viene preparandola, ogni giorno, all'incontro definitivo con Lui. Il dolore più grande, ella lo sperimenta, il 29 settembre 1883, quando muore il Cardinal Dechamps, Arcivescovo di Malines, che l'aveva sostenuta, più di ogni altro, nella sua fondazione in Belgio.

Così Madre Maria di Gesù parla di lui, scrivendo alla Visitazione di Bourg: «*Ho perso in Lui un Padre, un amico, una guida sicura. Senza il suo consiglio non facevo nulla ed egli era tutto dedito a noi e affezionato oltre ogni dire. Nel luglio, egli mi aveva ancora dato prova della sua bontà. Per me, è stata una perdita che mi ferisce il cuore e l'anima; l'ho molto sentita, benché mi sia abbandonata perfettamente alla volontà di Dio. Sia benedetto il Signore per averci dato nei primordi del nostro Istituto, un tale luminare e un tale padre; fu una grazia inestimabile... Non era soltanto un grande principe della Chiesa, ma anche un perfetto religioso, umile e semplice, dignitoso e risoluto: un vero santo».*

Davvero l'opera di questo buon Pastore era stata grandiosa, nella guida della sua diocesi, al Concilio Vaticano I, dove si era fatto assertore formidabile dell'infallibilità del Papa come Maestro della fede e della vita cristiana, nelle battaglie condotte in difesa della Chiesa, della scuola cattolica, dei diritti dei credenti, davanti a chiunque, anche ai re e agli imperatori, anche attraverso articoli e libri di apologetica ed esposizione della dottrina cattolica. Nel suo testamento spirituale, aveva scritto: «*Io muoio redentorista*», come il suo ultimo atto d'amore al Divin Redentore e alla Famiglia religiosa a lui dedicata, di cui faceva parte fin dalla sua giovinezza.

Madre Maria di Gesù, dopo aver anche ricordato, nella sua lettera, la morte del Padre Le Grelle, conclude: «*E così, tutto passa! Privata così presto di questi santi appoggi, imparo a vedere Dio solo e ad appoggiarmi su di Lui, a mirare direttamente a Lui, nel silenzio, nella sofferenza e nel più ardente amore. La mia anima si fa sempre più solitaria*» (20 novembre 1883).

«In fondo al nido»

È ormai autunno inoltrato, quando ella scrive così. Anche alla Servianne, stanno cadendo, ad una ad una, le foglie dagli alberi, sotto le raffiche di vento, mentre il mare del golfo di Marsiglia appare agitato e oscuro. A far soffrire la Madre, giungono in quell'anno anche le critiche non solo degli avversari, ma pure dei buoni, contro di Lei e la sua giovane Congregazione.

Lingue maligne criticano severamente, e queste critiche trovano un'eco anche all'interno del Vescovado.

«La piccola Società passa per il crogiolo dei giudizi umani; il suo scopo, i suoi usi, le sue cerimonie e persino quella candida veste che pur tanto si addice alle vergini di Cristo, che la Chiesa chiama "spose dell'Agnello", tutto dà appiglio alle critiche dei buoni, secondo l'espressione della Madre» (L. Laplace).

La quale confida queste difficoltà a Suor Maria del S. Cuore, la sua «antica» amica della Visitazione di Bourg, con un'umiltà che sconcerta, con uno stile che è proprio solo dei santi: *«una povera colomba, lasciando le gioie effimere della terra, vola a rifugiarsi nel Cuore di Gesù; ed ecco che una turba di zelanti dalle viste umane, la segue fin là... l'incalza, la calpesta, le attraversa la via...».*

Non si difende, ma accetta, si abbandona a Dio e... le vien voglia di scherzare: *«Ho sbagliato vocazione! Ero fatta per stare in fondo al nido e sono stata collocata sulla cima dell'albero: io non me ne intendo di questa politica, di queste sottigliezze; dove le trovo, fuggo. Mi sento un'inclinazione particolare a essere suora conversa, in qualche angolo, senza responsabilità».*

Desiderio di stare «in fondo al nido», nel nascondimento più totale, di sparire agli occhi del mondo, per occuparsi davvero di Dio solo, senza altri pensieri o questioni. Ma ella è posta da Dio sul candelabro, mai sotto il moggio, per far luce a coloro che sono nella sua casa e oltre, verso orizzonti che solo Lui conosce, perché, come scrisse il

Crisostomo, «*è più facile che il sole non risplenda, che il cristiano* ("colui che appartiene a Cristo") *non faccia luce*».

Non solo. Per una scelta di privilegio, da parte di Dio, Madre Maria di Gesù è chiamata ad essere, sia nella vita laicale che in quella religiosa - come ancora scrive il Crisostomo - «*faro che illumina, dottore che insegna, per compiere un compito di fermento; per esser un Vangelo tra gli uomini, al fine di guadagnarli a Cristo, per essere seme e portare frutti numerosi, sì da non aver quasi più bisogno di esporre la dottrina, tanto la sua vita è irradiante*». Così ella vuole essere, così vuole le sue «figlie», rivolgendo lo sguardo alla Madonna, per pregarla per la sua Famiglia religiosa, per la Chiesa e per il mondo, per imitarla nella sua unità con Gesù e nel suo servizio alla Chiesa e all'umanità.

A questo fine, seguendo l'invito dell'enciclica del settembre 1883, di Papa Leone XIII, invita a dedicare a Maria SS. tutto il mese di ottobre, con la preghiera quotidiana del Rosario; «*Meditando con maggior pietà i misteri del Santo Rosario* - dice alle sue «figlie» il 29 settembre - *e recitandone le preghiere, noi compiremo una delle sante opere della nostra vocazione. L'ultima parte della vita di Maria SS., che noi onoriamo in modo speciale e che ci sforziamo di imitare in ciò che ci è possibile, è stata tutta occupata dal sacrificio di Gesù, quello cruento del Calvario e quello eucaristico, sacro memoriale del primo, e dalla sua personale dedizione alla Chiesa*».

«Uno con Gesù»

Vorremmo seguirla, Madre Maria nella sua ascesa, negli ultimi spazi della sua vita terrena, ma come trovare le parole per dire quanto avviene nella sua anima, nel contatto sempre più vivo e più intenso con Gesù? La sua vita nascosta con Lui in Dio, solo Dio la conosce, ma le pagine che ella ha scritto sollevano, alquanto il velo che l'avvolge. Lei, pertanto, ascoltiamo:

«Gesù, voglio la povertà con Te povero, il disprezzo con Te disprezzato, l'agonia e l'abbandono sulla croce con Te e come Te, le persecuzioni sofferte con Te e per Te».

«Il cuore della vergine è sempre giovane come lo Sposo celeste. L'amore di Gesù è amore puro e verginale: è amore che non perde mai i suoi fiori; essi durano freschi e olezzanti quando già dà i suoi frutti».

«Ho la passione di Gesù Cristo. Voglio vederlo regnare trionfante nei cuori e sulla società. Voglio condurgli moltitudini di anime, soprattutto elevate e disinteressate, che lo amino per Lui medesimo e siano ardenti di zelo per la sua gloria».

«Talvolta, vorrei percorrere tutte le Comunità religiose e predicare loro, se lo osassi, una crociata di puro amore per Gesù Cristo».

La sua «storia d'amore», iniziata con Gesù, negli anni della sua infanzia, appena aveva potuto conoscerlo, sta per raggiungere il suo culmine nell'unità assoluta con Lui, così che il Padre e i fratelli, guardandola, non vedono più Maria Deluil-Martiny, ma solo Gesù in lei, nel suo volto e nella sua vita. Così ella conclude la pagina che abbiamo citato:

«La mia particolare attrattiva è la gloria di Dio per mezzo di Gesù Cristo. Tutto per mezzo di Gesù Cristo! Per Lui, con Lui e in Lui, a Te, Dio Padre Onnipotente, nell'unità dello Spirito Santo, ogni onore e gloria! Queste parole racchiudono tutta la mia attrattiva con queste altre: offerta perpetua di Gesù Cristo alla SS. Trinità. Unità di amore! La sua Vita in me! La mia vita in Lui!

Dio lo vuole! Io sono Sua per l'eternità, nell'Istituto del suo Cuore, malgrado l'angoscia, l'agonia e la morte».

La sua vita si è fatta tutta sofferenza e amore. Sete di Lui, oblazione purissima con Lui. Dolore, perché Lui non è amato ed è combattuto. Desiderio struggente che Lui regni, nelle anime e nel mondo.

«Come feriscono il cuore - aveva confidato ad un'amica nel gennaio 1883 - *questi scandalosi trionfi dell'empietà e della setta! Ne sono straziata. Noi siamo sorte proprio per lavare questi oltraggi; perché non posso lavarli nel mio sangue?».*

Ancora vivente Papa Pio IX, Madre Maria di Gesù gli aveva scritto, offrendosi come vittima per tutte le sue intenzioni. Nel 1882, ha rinnovato la sua offerta scrivendo a Papa Leone XIII una lettera in cui gli ha chiesto di offrirla sull'altare, come vittima al Padre per la salvezza del mondo.

Non può, Madre Maria di Gesù, vedere Gesù martire e vittima sulla croce e non desiderare di condividere il suo stesso martirio, il suo medesimo olocausto, anche nello spargimento del sangue. Più volte, lo ha chiesto come la grazia più alta, il dono più sublime che Dio le possa fare. Non può amare, senza voler essere in tutto conforme all'amato, anche nella morte più dolorosa. Non c'è discepolo più grande del suo Maestro.

Così hanno voluto i Dodici, i primi che lo hanno seguito. Così è avvenuto per Paolo di Tarso, per il quale *«vivere era Cristo e morire per Lui un guadagno»* (Fil, 1, 21). Questo hanno sognato e invocato i più grandi amici del Redentore, che *«avendo amato i suoi che erano nel mondo, li amò sino al culmine»* (Gv, 13, 1).

Il culmine è la Croce, «sommo ed estremo supplizio degli schiavi», come lo definiscono i sapienti del mondo, (Cicerone, In Verr. 66), «scandalo e follia» (I Cor, 1, 23), come pensano i giudei e i greci. La Croce, che per i credenti, è il più sublime capolavoro dell'amore di Dio, la sua più alta rivelazione.

La Croce, il sigillo del sangue, che fa essere davvero, nell'ultimo «*tutto è compiuto*», una cosa sola con Gesù.

Nel silenzio dell'adorazione davanti a Lui eucaristico esposto sull'altare, nelle sue note personali e nelle lettere alle «figlie», Madre Maria di Gesù ripete dolcemente, coraggiosamente: «*Se la mia miserabile vita può servire a ricondurre a Te le anime di cui ha sete il tuo Cuore, e a coprire di ostie viventi i tuoi sacri altari, prendila, Gesù, Amore mio*».

Sogno misterioso

Nell'estate 1883, ella era andata a Berchem a visitare il suo primo monastero. Sul finire di settembre, era ripartita per la Servianne. Si era fermata un giorno a Parigi, pellegrinando a Montmartre, al grande santuario del Sacro Cuore di Gesù.

Rimessasi in viaggio, aveva deviato a Paray-le-Monial, ivi fermandosi per tre giorni: il luogo dove Gesù si era rivelato a Margherita Maria Alacoque, era sempre stato, fin dal primo giorno in cui vi era andata, come il «paese dell'anima», amato e ricercato come una sorgente benedetta. Anche questa volta, era andata a pregare nella cappella di S. Margherita Maria e presso la tomba del Padre Claudio La Colombière, allora venerabile, nella residenza dei Padri Gesuiti, ormai deserta, dopo che essi ne erano stati allontanati dalle «leggi repubblicane». Insieme a Madre Maria Elisa, aveva pregato a lungo, chiedendo la piena configurazione a Gesù per sé e per le sue «figlie».

Alla Servianne, Madre Maria passa l'autunno e l'inverno tra il 1883 e il 1884, in mezzo alle sue suore, dedicandosi con amore materno, in special modo alla formazione delle novizie, ormai numerose...

Nel gennaio 1884, ella ha un sogno che sa di mistero e di profezia. Ne rimane profondamente scossa e lo narra ad alcune delle sue suore. Quelle l'ascoltano ancora più scosse e la pregano di mettere per iscritto quanto le era avvenuto. La Madre racconta:

«Era notte; io pensavo e pregavo e voi ben sapete che nel cuore delle madri l'amore non è mai disgiunto dal dolore. Stanca, mi addormentai, dopo aver rivolto una preghiera alla Regina del Cielo.

Ed ecco che, durante il sonno, Ella mi si mostrò ritta, dolcemente radiosa e velata da una nube trasparente, con le mani giunte sul cuore. Non mi parlò, ma fissando gli occhi su di me, mi sorrise e, con un gesto ineffabilmente grazioso, Ella portò la mano destra alle labbra, poi all'orecchio, per farmi tacitamente capire che aveva sentito ed esaudito la mia preghiera. Poi, levando al cielo il suo dolcissimo sguardo, disparve. Piansi di gioia in cuor mio, perché avevo pregato per le mie figlie.

Non vidi più nulla, ma quattro voci si fecero intendere: una voce dell'abisso, aspra e cupa; una voce dolce e potente, quella della Vergine Maria; una voce limpida e sonora, quella del Principe degli Angeli, e un'umile voce terrena.

Voce d'abisso: "O Tu di cui non posso pronunziare il nome verginale, Tu che il mio soffio non ha potuto macchiare nella tua Concezione, né nell'anima tua; perché vegli con tanto amore su queste anime che io bramo fortemente? Lasciami verso di loro una libertà più grande... La libertà! Io la reclamo con rabbia; possa io lanciarmi su questo gregge di cui ho giurato lo sterminio".

Voce di Maria SS.: "È vano il tuo furore, è inutile la tua domanda, seduttore miserabile. Queste vergini sono mie figlie e figlie del Cuore del mio Figlio. Le difenderò e le proteggerò sempre... Non sono io la loro Madre? Potrebbe il mio Cuore dimenticare ciò che le anime sono costate al mio Figlio e a me sul Calvario?''.

Voce d'abisso: ''... Ma io mi vendicherò, se è possibile, e allora vedremo la costanza. Ho già tante armi! Ne fabbrico una ancora più potente! Una legge che le caccerà dal Santuario. Ah, qual trionfo! Eccole disperse le povere colombe! Il nido è distrutto. Come diverranno facile preda dell'avvoltoio! Affrettatevi, affrettatevi, eserciti infernali; è l'ora del grande combattimento''.

Voce di Maria SS.: ''Le tue astuzie e le tue diaboliche arti non ti faranno conoscere un avvenire che tu ignori e che Dio si è riservato. Non ti svelerò in nessun modo questo avvenire che tu interroghi con rabbia, ma ti dirò questo: Qualunque cosa tu faccia, qualunque cosa sia per accadere, qualunque sia la maniera con cui piaccia a Dio di condurre a termine i suoi disegni, né mio Figlio né io abbandoneremo mai queste anime dilette. In quest'ora critica, noi le affidiamo alla custodia del Principe degli Angeli, S. Michele...''».

La narrazione di Madre Maria di Gesù prosegue impressionante: se non si può dire una predizione di quel che sta per accadere, ne rivela sicuramente un singolare presentimento.

Qualche giorno dopo, una suora trova la Madre nel suo ufficio, in preda a una vivissima emozione. Le domanda il perché, turbata... Madre Maria di Gesù le risponde: «*Ah, se avesse visto quel che ho visto or ora... lei non avrebbe più il coraggio di fare un passo nella proprietà della Servianne*». E non aggiunge altro.

Gesù stesso le ha preannunziato l'ora del sacrificio.

Louis, il giardiniere

Da qualche tempo, era stato assunto come aiutante giardiniere al monastero della Servianne, un giovane uomo, Louis Chave, bisognoso di lavoro e di aiuto. Chi era costui?

«Allevato in un orfanotrofio, - scrive L. Laplace - terminata la sua educazione, condusse fino a ventidue anni una vita randagia. S'imbarcò per il Tonchino; ma sostò invece in Tunisia: e di là ritornò in Francia, dove fu, ora mercante girovago, ora giornaliero, senza conservare mai un posto e accomunandosi nella sua vita errante a gente senza principi e partecipando alle loro idee; inasprito dalle privazioni, imputava alla società quelle disgrazie che non avevano altra causa che la sua pessima condotta.

Finalmente, o fosse per preparare un diabolico tranello, ovvero spinto dalla necessità a migliori proposti, sembrò che volesse mutare vita e costumi e riabilitarsi ritornando buon cristiano. Alcune persone caritatevoli si presero cura di lui e lo raccomandarono con tanta insistenza alla Superiora della Servianne, che questa finalmente lo accettò come aiutante giardiniere con lo stipendio di sessanta lire mensili».

All'inizio, Louis, benché poco pratico del lavoro e piuttosto negligente, non aveva dato motivo di richiami o rimproveri. Scrivendo all'orfanotrofio di Aix, dove era passato nella sua fanciullezza, si dimostrava contento delle cure che riceveva alla Servianne e del bene che gli faceva la Superiora.

Ma proprio in quei giorni, nonostante la sua negligenza, scrive una lettera insolente a Madre Maria di Gesù, chiedendole che gli sia raddoppiato lo stipendio. Gli viene risposto che era stato accolto a lavorare solo per venirgli incontro e che, da parte sua, non sapeva rendere alcun servizio; l'avrebbero tuttavia tenuto, fino a quando non avesse trovato un posto più adatto alle sue capacità e meglio retribuito. Louis, dicendosi pentito, chiede di non essere licenziato. Madre Maria di Gesù accetta e lo tratta con pazienza e comprensione, cercando di invogliarlo al lavoro. Louis continua a rifiutare di lavorare o a eseguire male il lavoro.

Sabato 23 febbraio 1884, viene invitato ad andare a ritirare un pacco alla vicina stazione. Risponde, senza spiegare il perché: «No, non ci vado».

Il giorno stesso, scompare dalla Servianne, dopo aver bruciato, nella sua camera, situata nella foresteria, le sue carte, eccetto alcuni giornali, come due numeri del *Défi*, organo della società anarchica, stampato a Lione, nei quali si predica la guerra alla società.

«Dopo orribili bestemmie contro Gesù Cristo - scrive L. Laplace - su quei giornali era raccontata la storia, vera o falsa, di un operaio che, licenziato dall'officina, immerge il suo bulino nel cuore del padrone. È condannato alla galera, e l'anarchico scrittore del *Défi* esclama con entusiasmo: ''Va', vecchio camerata, crepa ora in carcere per avere durante la tua vita ingrassato dei porci verminosi. Verrà il giorno in cui lasceremo l'arpione per impugnare il fucile e quel giorno faremo il nostro dovere''».

Anche Louis Chave sta per compiere questo «dovere», che consiste nel delitto!

Non si sa dove sia andato dopo la sua scomparsa dalla Servianne, ma il 27 febbraio 1884, indirizza all'*Hydre anarchiste,* altro giornale rivoluzionario, una lettera in cui espone un suo progetto:

«L'ultimo consiglio che io debbo dare ai veri anarchici, agli anarchici di azione, è di armarsi come me, di una buona rivoltella, di un buon pugnale e di una scatola di fiammiferi. Ciò è pratico e solo in questo modo si può fare un gran bene...

I giornali di Marsiglia vi informeranno delle mie gesta; agirò in pieno giorno e al cospetto di tutti. Comincerò dall'incendiare un convento di religiose e ucciderne la superiora e la sotto-superiora che mi hanno gettato sul lastrico, poiché io lavoro in questo convento come giardiniere... Aprirò il fuoco al grido: viva l'anarchia e morte ai borghesi! Poiché là dentro, come presso tutti coloro che sfruttano gli altri, vi sono le figlie dei borghesi e le figlie dei proletari che fanno da domestiche alle altre; sono delle fanatiche e delle vittime.

Compagni, può darsi che io sia costretto a partire per il paese delle stelle. Dunque vi dico addio e faccio assegnamento su di voi, perché mi vendichiate e pubblichiate la mia lettera»[1].

Quella mattina, Louis ritorna di soppiatto alla Servianne...

«Io gli perdono...»

È il mercoledì delle ceneri, 27 febbraio 1884, primo giorno di Quaresima. Il giorno innanzi, Madre Maria di Gesù e le sue «figlie» l'hanno trascorso nella preghiera e nella riparazione, pregando a lungo, davanti a Gesù eucaristico. Alla sera, prima del riposo ella ha raccomandato, per la Quaresima che sta per iniziare, la fedeltà al silenzio e alla retta intenzione in ogni cosa.

Il mattino del primo giorno di Quaresima, prestissimo, la Madre partecipa alla S. Messa con la sua comunità e indugia a lungo in preghiera. Poi, si ritira nel suo ufficio a

---

1. L. Laplace, *op. cit.*, pp. 264-269.

lavorare, come al solito. Verso mezzogiorno, Madre Maria Elisa Le Vassor de Sorval, va a cercare Madre Maria di Gesù e la trova intenta a scrivere qualcosa che le interessa finire presto: «*Spero* - le dice - *che sarà contenta di me, stasera avrò finito*». Dopo il frugale desinare di quel giorno di digiuno, Madre Maria di Gesù, Madre Elisa e alcune suore escono nel giardino della Servianne.

Racconta Madre Maria Elisa: «All'estremità del giardino, sul pendio di un poggio che domina il prato, c'è un boschetto di pini dove le nostre suore solevano passare il tempo della ricreazione dopo pranzo, ora sedute in circolo attorno alla Superiora, ora passeggiando con lei per i viali del bosco.

Era passata da poco l'una dopo mezzogiorno e il levarsi di un vento fresco ci obbligò a discendere lungo un grande viale che circondava il boschetto di pini e serviva a ripararci durante l'inverno. Già due volte, eravamo salite e discese per questo viale e ci trovavamo di fronte alla casa, distante tre o quattrocento metri, quando all'improvviso la Madre dice: "Vi è un uomo, là, nella pineta". Non ne feci gran caso, ma quando una delle suore esclamò: "È Louis!", mi volsi bruscamente e lo vidi infatti venire verso di noi.

Teneva la destra nella tasca della giubba e sul volto errava un sogghigno diabolico... Aiutandosi con la mano sinistra, discese con precauzione il pendio che ci separava da lui e, in un batter d'occhio, prima che io avessi potuto fare un movimento, afferrò per la testa la povera Madre e, appoggiando la bocca della rivoltella sulla sua gola, sparò due colpi a bruciapelo; poi, abbandonando la vittima, sicuro che non ne scamperebbe, si slanciò sopra di me con la celerità del lampo, scaricando tre volte la sua arma.

Mi ricordo che con un gesto istintivo, sviai il suo braccio, e, volendo difendere la Madre, difesi me stessa. Tutto ciò avvenne in minor tempo di quanto ne impieghi a scriverlo. I cinque colpi furono appena uditi: ma alle mie grida e al gemito soffocato della nostra cara Madre, le suore che camminavano dinnanzi a noi si volsero indietro...».

Ai loro occhi, Madre Maria di Gesù appare tutta sanguinante, mentre si tiene il capo tra le mani. Madre Maria Elisa grida e si dibatte contro l'assassino che le sta percuotendo il capo con il calcio della pistola. Le suore si slanciano tra l'assassino e le due vittime. Louis si allontana di qualche passo giù per la scarpata, quindi si ferma, si volge indietro a guardare il delitto compiuto e forse per «completarlo», ma l'arrivo di un taglialegna, accorso alle grida sentite, lo mette in fuga[2].

Madre Maria di Gesù, sorretta da due suore, tenta di far qualche passo, ma presto cade versando sangue dalla bocca e dal naso... Mormora piano, sempre più piano: *«Io gli perdono, gli perdono... Per l'Opera, per l'Opera!»*.

Alle grida strazianti delle suore, accorre il Padre Calage, al quale in un attimo balena davanti agli occhi il «sogno» fatto durante la sua fanciullezza. Ma non ha tempo di pensare: imparte l'assoluzione a Madre Maria Elisa, poi si avvicina a Madre Maria di Gesù, che mormora ancora: *«Io gli perdono... Per l'Opera...»*. Anche a lei, il Padre dà l'assoluzione.

Tutte e due sono trasportate in casa e le suore si prendono cura di loro, chiamano il medico urgentemente. Madre Maria Elisa è gravissima, Madre Maria di Gesù è morente... P. Calage le amministra l'Unzione degli infermi. Le suore pregano intensamente, offrono a Dio la loro vita per lei, chiedono un miracolo. Ma per la santa Fondatrice, è giunta la sua «ora», l'ultima ora della vita.

---

2. *Ivi,* pp. 269-272.

È l'ultimo passo del dono, l'ultimo passo della vita che dà sulla morte, anzi che apre alla vera Vita. L'ora attesa, desiderata, chiesta a Dio in totale configurazione a Cristo, nell'immolazione e nel martirio per Lui, per la Chiesa e per il mondo.

Madre Maria di Gesù, 43 anni appena, entra nella luce.

Vicino al suo letto diventato altare, c'è - oh, delicatezza di Dio, Amore! - il Padre Calage che la benedice e ripete, piangendo: «*Mio Dio, sia fatta la tua volontà. Tu l'hai permesso. I tuoi disegni sono imperscrutabili!*».

E rivede il suo «sogno» da fanciullo: lui, sacerdote, all'ingresso di un grande viale, mentre accompagna al martirio due vergini biancovestite... una che riceve il colpo fatale... Ora tutto è compiuto, come per Gesù, all'ora nona del venerdì santo.

Il primo trionfo

In un'altra camera, Madre Maria Elisa, con il petto trapassato da due pallottole, non fa altro che domandare di continuo: «Dov'è la nostra diletta Madre? Come sta? Soffre molto?». Le rispondono che è debolissima, ma presto saprà che è tornata a Dio.

Intanto, nella tenuta della Servianne, l'assassino si era fermato ai piedi della collina, per ricaricare l'arma; poi vedendosi inseguito, era salito sul pendio opposto, rannicchiandosi contro una roccia, da dove seguiva con piacere sadico il terribile «spettacolo» da lui provocato.

Nel frattempo, viene dato l'allarme e la notizia giunge alla vicina caserma dei carabinieri. I contadini del luogo hanno già stretto «d'assedio» il luogo dove si nasconde l'uccisore, in modo che non possa fuggire. Quando costui vede giungere i carabinieri, li accoglie con una scarica di rivoltella. Ma viene fulminato all'istante, dal brigadiere: colpito alla carotide, come la sua vittima.

Alcuni giorni dopo, l'*Hydre anarchiste,* pubblica la lettera che Louis Chave ha scritto proprio il giorno in cui si apprestava a compiere il delitto... Il giornale rivoluzionario chiama l'omicida, ormai caduto, con il nome di «valoroso» e «martire» e conclude con un elogio: «La carità cristiana, scudo delle turpitudini clericali, meritava un sanguinoso richiamo al pudore: eccolo fatto!»[3].

Dunque, Madre Maria di Gesù non era caduta sotto i colpi mortali per una questione personale, come poteva essere l'assunzione o il licenziamento di Louis, ma in odio alla fede, come i martiri antichi delle prime generazioni cristiane, in odio a Cristo al Quale ella aveva consacrato la giovinezza, l'amore, la vita.

A suo modo, con l'elogio del delitto e la bestemmia contro Cristo, persino il giornale dei senza-Dio riconosceva il martirio di Madre Maria di Gesù.

La notizia della sua morte tragica si diffonde rapidamente per Marsiglia. Accorrono numerosissimi a rendere omaggio alla Madre amata, composta sul letto funebre, rivestita del suo bianco abito di prima «Figlia del Cuore di Gesù». Ci sono il superiore dei Padri Gesuiti e Monsignor Robert, Arcivescovo della città, che pregano a lungo davanti a lei.

Il 1° marzo 1884, i funerali sono celebrati da Mons. Payan d'Augery, vicario generale di Marsiglia. Un'immensa folla accorre alla Servianne per tributare alla Madre i più grandi onori.

Quando si apre la porta della clausura, tutti vedono la lunga fila delle «suore bianche» che portano sulle spalle

---

3. *Ivi,* pp. 274 e pp. 268-269.

la bara ornata dalla croce e da un giglio. Sulla soglia, le si stringono attorno per l'ultima volta, la baciano ad una ad una, l'aspergono di acqua benedetta, indugiano ancora salmodiando il canto dell'esilio, l'arrivederci nella Patria.

Gli amici del monastero ricevono la bara e la porta si chiude.

La città illustre celebra sulla terra il primo trionfo della sua grande figlia, Maria Deluil-Martiny, colei che, ancora bambina, il suo santo Vescovo, Eugenio de Mazenod, aveva profetizzato come *«la santa Maria di Marsiglia»,* e che molti già venerano, in cuor loro, come vergine e martire.

Per le vie della città apre l'immenso corteo il generale Le Vassor de Sorval, il papà di Madre Maria Elisa, che con il petto forato da una pallottola non ancora estrattale, lotta tra la vita e la morte. Molte persone agitano rami di palma, segno del martirio e della vittoria. È la celebrazione della fede che vince il mondo, celebrazione di speranza e di gloria.

La salma di Madre Maria di Gesù trova riposo nel cimitero di S. Pietro, mentre alla comunità della Servianne, rimasta orfana, quella sera di principio marzo persino i pini agitati dal vento sembrano piangere nel silenzio e nella solitudine.

La Servianne è diventata come il Calvario, dove, con il Sacrificio di Gesù tutto è cominciato: una storia nuova, la Redenzione del mondo. Una croce e un sepolcro come inizio; la morte come preludio della risurrezione.

«Il sangue dei martiri è seme...», scrisse Tertulliano.

«Prendi la mia vita, Amore mio», aveva pregato spesso, molto spesso, Madre Maria di Gesù.

Ora da lei dilaga la luce e sboccia la primavera.

12

«GESÙ CRISTO DEVE REGNARE»

L'avventura continua

Alla prima notizia della tragedia, dal Belgio accorre alla Servianne, Mons. Van den Berghe, a portare alle Figlie del Cuore di Gesù il coraggio della fede.

Per 15 giorni, Madre Maria Elisa Le Vassor de Sorval, colpita da due pallottole da Louis Chave, lotta tra la vita e la morte.

Le cure dei medici e le preghiere delle sorelle la riportano alla vita. Mons. Van den Berghe può scrivere alle religiose di Berchem: «Il sangue innocente feconda mirabilmente l'Opera. La cara ferita sta meglio. Nelle sue mani l'Opera vivrà».

Il 20 aprile 1884, all'unanimità, Madre Maria Elisa, ancora sofferente, è eletta Madre generale: si compie la «profezia» di Madre Maria di Gesù, che in lei aveva visto il suo prolungamento. Madre Maria Elisa immediatamente scrive al Papa Leone XIII per dirgli, a nome suo e delle «Figlie», la dedizione a Cristo e alla Chiesa. Leone XIII risponde, benedicente.

L'anno dopo - aprile 1885 - Madre Maria Elisa si reca a Roma, in udienza al Santo Padre, accompagnata da *mademoiselle* Armand, di Marsiglia, l'intima amica della Fondatrice. Il Papa ascolta commosso la narrazione del sacrificio di Madre Maria di Gesù e delle vicende della sua Famiglia religiosa. Promette il suo appoggio, la sua preghiera.

Le leggi che verranno sembrano tutt'altro che favorire la vita delle persone consacrate: molti Istituti, negli anni tra la fine dell'Ottocento e l'inizio del Novecento, dovranno esulare dalla Francia. Eppure la «piccola pianta» di Madre Maria di Gesù, percossa dal vento gelido, non muore: anzi cresce e si fa più bella e più vigorosa.

A Marsiglia, le Figlie del Cuore di Gesù sono costrette a lasciare la Servianne e a stabilirsi in una casa in Corso S. Carlo, poi in un'altra in via Montaux. Infine nel 1900 devono trasferirsi a Saint-Giniez, quasi in campagna... Sì, sono perseguitate, ma sono in crescita: numerose giovani, affascinate da Cristo, vengono a consacrarsi a Lui, sulle orme di Maria Deluil-Martiny.

Mons. Robert, Arcivescovo di Marsiglia, le difende con tutto il suo zelo. Da Roma, Papa Leone XIII, che in un *breve* del 25 febbraio 1888 ha definito la Fondatrice «una pia e insigne vergine», assegna all'Istituto il Cardinal Camillo Mazzella come protettore: non si risparmierà per loro. Il 29 giugno 1888, dopo otto anni di servizio sacerdotale alla «sua» congregazione, muore Padre Calage: le Figlie sanno di avere un santo in cielo, che pensa a loro.

L'avventura, iniziata da Maria, il 20 giugno 1873, continua, benedetta da Dio. Segnaliamo solo alcune date del suo cammino, che nessuno può fermare, fecondo cammino, che come tutte le Opere di Dio, ha qualcosa che sconcerta: il piccolo seme, bagnato di lacrime e di sangue, diventa grande albero.

Il 12 maggio 1889, benedicente l'Arcivescovo Card. Alimonda, una casa delle Figlie si apre a *Torino:* diventa subito come un santuario dove si costituisce una lega di sacerdoti e di amici del Cuore di Gesù. Anche il nuovo Arcivescovo di Torino, Card. Agostino Richelmy viene ad incoraggiare l'Opera.

Il 9 giugno 1895, festa della SS. Trinità, in un vecchio convento francescano del XV secolo, il «Klosterli di S. Giuseppe», a *Schwyz* (Svizzera), Madre Maria Elisa apre una nuova casa per le Figlie: è una festa grandiosa, cui partecipano autorità e popolo radunati attorno al Cuore di Gesù.

Nel 1897, a *Montpellier,* il Vescovo Mons. De Cabrières accoglie un nuovo stuolo di Sorelle. Ma già si addensano fosche nubi, sulle Congregazioni.

Nel 1901, una legge approvata dal governo rende la loro esistenza sempre più difficile. Quando, alle elezioni del 1902, vince il blocco delle sinistre ed Emile Combes diventa il capo del governo, viene sferrata un'altra lotta contro la Chiesa: una delle tante dalla rivoluzione del 1789 in poi, secondo gli stessi principi, quelli che Madre Maria di Gesù si era proposta di contrastare con Gesù amato, imitato, annunciato, pregato senza fine.

Disperse, in crescita

Scrive lo storico Daniel Rops: «La politica di Combes fu quella di applicare in tutto il rigore della lettera, la legge del 1901... Millecinquecento istituti furono chiusi... Le congregazioni femminili subirono la stessa sorte. Provvedimenti minori completarono il quadro: soppressione del Crocefisso nei pretori, divieto ai sacerdoti di presentarsi ai concorsi. Il ministro delle colonie Doumergue arrivò a cacciare dagli ospedali dell'Indocina, del Senegal e del Madagascar le suore che vi lavoravano. Nel momento in cui Papa Leone XIII moriva, il 20 luglio 1903, Combes andava preparando un assalto contro le congregazioni... e attaccava briga con il Vaticano a proposito delle nomine di alcuni Vescovi»[1].

Da Montpellier e da Marsiglia, le Figlie del Cuore di Gesù sono costrette a lasciare la Francia. Alcune vanno ad aumentare il gruppo che è a *Namur,* in Belgio, ove si sta fondando una nuova casa; altre si recano a *Roma,* dove, nel 1901, con l'aiuto del Card. Aloisi Masella, succeduto al Card. Mazzella, come protettore, avevano iniziato la costruzione di un nuovo monastero, presso la via Nomentana, sulle catacombe di S. Nicomede. L'8 dicembre 1901, il monastero romano inizia la sua vita.

Sono giunte nella città eterna anche le Figlie del Cuore di Gesù. Madre Maria di Gesù aveva sempre guardato a Roma e al suo Vescovo, il Vicario di Cristo, come al Padre e al Maestro stabilito da Dio per la Chiesa e per il mondo. La loro preghiera e la loro offerta con Gesù continua sul luogo dove i martiri antichi immolarono la loro vita per Lui.

Pur in mezzo a tante difficoltà, la Famiglia cresce con la venuta di numerose giovani chiamate: in Francia, in Belgio, in Svizzera, in Italia.

Il 9 agosto 1896 Papa Leone XIII, con suo decreto, aveva approvato nel suo complesso la Società delle Figlie del Cuore di Gesù. Il 2 febbraio 1902, proprio mentre imperversa la bufera, il medesimo Pontefice, più che nonagenario, approva definitivamente le sue Costituzioni. L'Opera di Madre Maria di Gesù ha, a pieno titolo, il suo posto nella Chiesa.

Anche Papa Pio X, fin dall'inizio del suo pontificato, nell'agosto 1903, circonda di benevolenza l'Istituto di Madre

---

1. H. D. Rops, *Storia della Chiesa,* vol. VI-2, Marietti, Torino, 1969, p. 155.

Maria di Gesù, che sta allargando le tende. Nel 1904, nella comunità di Torino, con l'approvazione del Card. Richelmy, si forma - secondo il desiderio che già era stato della Fondatrice - un'associazione di laici e di sacerdoti che si impegnano a vivere, nella loro condizione, lo stile di offerta proprio dell'Istituto. Rapidamente, «l'associazione delle Anime Vittime», si estende in Italia, Francia, Belgio, Germania, Svizzera e America. Il Papa Pio X, il 22 gennaio 1909, vuole esservi iscritto. Lo seguono illustri prelati, sacerdoti e religiosi. Oggi l'Associazione si chiama «Oblazione con Cristo».

Con l'incoraggiamento del medesimo santo pontefice e per volontà dell'arciduca Francesco Ferdinando d'Asburgo e della sua consorte Sofia, il 28 settembre 1912, le Figlie del Cuore di Gesù, con una festosa e solenne celebrazione, aprono una nuova casa, in un antico monastero abbandonato da 150 anni, a *Hall,* nel Tirolo (Austria). Francesco Ferdinando, erede al trono d'Austria, non potrà partecipare alla consacrazione della Basilica annessa al monastero, fissata per il 30 luglio 1914: un mese prima, il 28 giugno 1914, una mano omicida ha freddato lui e la sua sposa a Sarajevo. L'Europa sta per precipitare nell'incendio della prima guerra mondiale. Carlo d'Asburgo, nuovo erede al trono d'Austria, poi imperatore, nel 1916, non mancherà di far visita alla casa di Hall e di sostare in preghiera, con la sua fede luminosa e la sua esemplare vita cristiana, davanti a Gesù eucaristico esposto all'adorazione.

L'interesse del Santo Padre Pio X, era cominciato da più lontano. Ancora Patriarca di Venezia, aveva conosciuto nella città della laguna la signora Maria Walter Bas, dedita a opere di carità. A Venezia ella aveva fondato il convento delle Suore di Nevers: tra queste mura, invitò un giorno Madre Maria Elisa Le Vassor de Sorval e con lei definì il progetto per una nuova fondazione delle Figlie del Cuore di Gesù, tutto a sue spese, al *Lido di Venezia*.

Finalmente, nel luglio 1921, benedicendo l'iniziativa il Patriarca Card. La Fontaine, si apre il nuovo convento, in cui si fondono le comunità di Torino e di Milano. Accanto alla casa di Venezia, sulle rive della laguna, di fronte all'isola di S. Lazzaro degli Armeni, ci sarà anche, per la popolazione, una chiesa come centro di adorazione a Gesù eucaristico.

In Francia, da dove le aveva cacciate, Combes, con tutta la sua prepotenza, era già sparito. Le Figlie del Cuore di Gesù, come numerosi altri Istituti, disperse, destinate a scomparire, invece sono cresciute nelle fondazioni e nel numero. Là dove si è stabilita una loro casa, sono arrivate a conoscerle ragazze e giovani donne e da loro sono state contagiate. Molte hanno detto loro: «*Veniamo anche noi con voi*».

Ai potenti della terra che vogliono sfidare il Cristo, non resta che riconoscere, con la faccia nella polvere, davanti a Lui, come un giorno lontano l'imperatore Giuliano l'apostata: «Galileo, hai vinto!». Invece - incredibile, ma vero - queste monache, oppresse, perseguitate, cacciate dai loro nidi, votate all'eliminazione, dimostrano una inspiegabile vitalità. Chi le osserva da vicino, non può fare a meno di riconoscere: «Ma qui c'è qualcosa di misterioso, di ineffabile, forse un miracolo che ha un suo segreto...».

È Qualcuno - non qualcosa. *È una Persona viva,* - non una forza occulta. *È Gesù vivente nell'Eucarestia che chiama, affascina, conquista, dà forza e coesione, moltiplica attorno a Sé la gioventù e l'amore.*

«Una corona sul tuo capo»

Nelle feste più intime, mentre le sue Figlie erano raccolte attorno a lei, l'indimenticabile Madre Maria di Gesù era solita deporre una corona sul capo dell'immagine di Gesù - il Re dei re e il Signore dei dominanti - e porgli uno scettro nelle mani. Come a dire a Lui: *«Tu sei il nostro unico Re, il nostro solo Sovrano. Regna, prendi possesso di noi e del mondo intero».*

A neppur vent'anni dalla sua morte, nel 1903, avvicinandosi il 25° anniversario della consacrazione della basilica del Sacro Cuore a Berchem, presso Anversa, promotori il monastero delle Figlie di Madre Maria di Gesù e i cattolici belgi, si pensa a incoronare solennemente la statua del S. Cuore, ivi venerata.

Il 28 aprile 1903, Papa Leone XIII autorizza il Card. Goossens, Arcivescovo di Malines, a compiere «l'incoronazione», per proclamare anche con questo gesto simbolico, proprio come Dio vuole da tutta l'eternità e la Chiesa è chiamata a realizzare, come emerge dagli scritti e dall'opera di Madre Maria di Gesù ed è segnato nello stemma della sua Famiglia religiosa: *«Oportet Illum regnare!»*, *«Lui, Gesù solo deve regnare!»*.

Il 30 agosto 1903, nel tempio di Berchem, durante la Messa Pontificale, cui partecipano Vescovi, sacerdoti e popolo senza numero, presenti le Figlie del Cuore di Gesù, che custodiscono quel santuario, il Card. Goossens depone una splendida corona d'oro, opera dell'illustre orefice lionese Armand Calliat, sulla fronte del Cristo, proclamando:

«Sicut, per manus nostras coronaris in terra, ita a Te gloria et honore coronari mereamur in coelis».

«Come per le nostre mani, Tu, Gesù, sei coronato sulla terra, così fa' che meritiano di essere da Te coronati di gloria e di onore nei cieli».

Allo stesso modo, il 7 luglio 1905, nella cappella delle Figlie del Cuore di Gesù a Torino, il Card. Richelmy, Arcivescovo della città, alla presenza di duecento sacerdoti, depone sul capo dell'immagine del Redentore una corona d'oro che essi stessi hanno offerto.

Non è certo l'uomo ad incoronare Gesù, Figlio di Dio, ma è l'uomo che riconosce e proclama, anche con questo gesto simbolico, la sua divina Regalità.

Solo per il trionfo del Cristo Re, Madre Maria Deluil-Martiny era vissuta, aveva offerto se stessa, fondato il suo Istituto e, infine, aveva immolato la sua giovane vita. A lei, Gesù aveva già dato, il 27 febbraio 1884, giorno del suo martirio, la corona dei vergini e dei martiri, la medesima che risplende sulla sua fronte divina:

«Vieni, mia Sposa... Sul tuo capo brilla il diadema in cui al giglio della tua purezza verginale s'intreccia la rosa vermiglia della mia Passione».

Coronata da Lui, in cielo, da quel giorno di sangue, Maria di Marsiglia sarebbe stata anche «coronata» dalla Chiesa su questa terra.

Subito dopo la sua morte, si era cominciato a parlare di grazie e favori celesti ottenuti da Dio per la sua intercessione. Ed era dilagata in Francia, in Europa, più lontano ancora, nel mondo, la sua fama di santità.

La «Beata Maria di Gesù»

Le sue spoglie mortali, deposte prima nella tomba di famiglia nel cimitero di S. Pietro a Marsiglia, traslate l'11 novembre 1899 nella tomba delle Figlie del Cuore di Gesù, dal 21 ottobre 1906 riposano nella cripta della Basilica del Sacro Cuore a Berchem, presso Anversa.

Nel 1908, a Malines, diocesi cui appartiene Berchem, inizia il processo per la beatificazione di Madre Maria di Gesù. Seguono i processi rogatoriali a Marsiglia, Torino e Lione. Il 25 maggio 1921, Papa Benedetto XV, firma il

Decreto di Introduzione della Causa: Madre Maria Elisa Le Vassor de Sorval, ancora viva e carica di meriti, (morirà nel 1927), e le sue Figlie ne provano una gioia grandissima. La «Causa» procede per il suo lungo cammino.

Il 23 ottobre 1987, Papa Giovanni Paolo II, promulga il decreto che riconosce le sue virtù eroiche e la dichiara *«venerabile»*. Il 7 settembre 1989, è riconosciuto ufficialmente il miracolo per la sua beatificazione. A Namur, in Belgio, Giuliana Callewaert, 24 anni di età, dopo aver invocato l'intercessione di Madre Maria di Gesù, l'8 novembre 1926 ottenne quasi istantanea, perfetta e stabile guarigione da gravissima ulcera della prima porzione del duodeno[2].

E così, domenica 22 ottobre 1989, durante la solenne celebrazione nella Basilica di S. Pietro a Roma, Papa Giovanni Paolo II proclama «beata» Maria Deluil-Martiny, fondatrice delle Figlie del Cuore di Gesù. All'omelia, il Santo Padre così ne tratteggia la luminosa figura e l'opera da lei compiuta:

«Ecco, io vengo per fare, o Dio, la tua volontà». Questa parola che la lettera agli Ebrei attribuisce al Cristo, ci rivela quello che Maria Deluil-Martiny fu chiamata a realizzare nel corso della sua vita. Fin dall'infanzia, ella fu commossa per «le ferite fatte all'amore di Gesù» e per il rifiuto di Dio troppo frequente nella società.

Nello stesso tempo, ella scopriva la grandezza del dono che Gesù faceva al Padre per salvare gli uomini, le ricchezze di amore che si sprigionavano dal suo Cuore, la fecondità del sangue e dell'acqua che fluivano dal costato aperto. Ella intuì che bisognava partecipare alle sofferenze redentrici del Crocifisso, in spirito di riparazione per i peccati del mondo.

---

2. P. Galavotti (Postulatore della Causa di Beatificazione di Maria Deluil-Martiny), *Le prove della santità*, in: *Osservatore Romano,* 21 ottobre 1989.

Maria di Gesù offrì se stessa al Signore, a prezzo di prove e di continue purificazioni interiori. In verità, poteva dire: «*Ho una passione per Gesù... La sua vita in me, la mia vita in Lui*».

Prestissimo, Maria seppe partecipare ai suoi vicini il suo desiderio di vivere l'oblazione del Salvatore, in una fervida partecipazione al Sacrificio della Messa. Quando fondò le Figlie del Cuore di Gesù, mise al centro della vita religiosa l'adorazione eucaristica. Comprendendo in profondità il Sacrificio di Cristo, desiderava che ci si unisse continuamente all'offerta del suo Sangue alla SS. Trinità.

Con una giusta comprensione dell'Eucarestia, ella prescrisse negli orientamenti dell'Istituto «un continuo ringraziamento» al Cuore di Gesù per i suoi doni e per la sua misericordia, e «continue suppliche per ottenere l'avvento del suo Regno nel mondo». Fra le sue intenzioni, ella dava un posto speciale ai sacerdoti, alla loro santità, alla loro fedeltà.

Al servizio di questa spiritualità esigente, Maria di Gesù istituì una vita religiosa semplice e austera, ritmata dall'Ufficio divino, penetrata dall'adorazione, dove la vita consacrata fosse veramente dono di sé, affinché l'amore del Cristo sia conosciuto e onorato.

Quando la vita le fu tolta con la violenza, ella era pronta a offrirsi con il Cristo.

Maria di Gesù contemplava la Madre del Salvatore ai piedi della croce e presente nel cuore della Chiesa nascente. La Vergine Maria era il suo vero modello. Con lei, la Fondatrice delle Figlie del Cuore di Gesù prega e veglia affinché i discepoli del Figlio di Dio non cessino di annunziare al mondo le meraviglie del suo amore[3].

---

3. *Osservatore Romano*, 23/24 ottobre 1989.

Si compiva, quel 22 ottobre 1989, la profezia che di lei appena bambina e troppo vivace, faceva l'Arcivescovo della sua città d'origine, Mons. Eugenio De Mazenod (ora anch'egli elevato alla gloria degli altari): *«Un giorno, sarà la santa Maria di Marsiglia!»*. E quella del Cardinal Dechamps, Arcivescovo di Malines, appena l'ebbe incontrata: *«Oggi ho visto la Teresa d'Avila del nostro secolo»*.

Nel dicembre 1989, la salma incorrotta della Beata Maria di Gesù viene posta in un'urna di vetro sotto l'altare del Sacro Cuore, nella Basilica di Berchem.

Gesù solo, Sacerdote, Vittima e Re!

Che dire ancora?

Lo spirito e lo stile dell'Istituto delle Figlie del Cuore di Gesù, lo ha mirabilmente illustrato Papa Giovanni Paolo II nell'omelia per la beatificazione di Madre Maria di Gesù e abbiamo cercato di farlo emergere da lei stessa, narrando, in queste pagine, la sua singolare «storia d'amore» con l'Unico Amato della sua esistenza. La quale, a nostro avviso, può riassumersi in una pagina stupenda che ella ha lasciato nel suo diario:

«La nostra vita deve consistere nell'offrire continuamente Gesù e nell'essere continuamente uniti al suo divin Sacrificio. Si può dire che il Padre Celeste altro non vede che il Sacrificio del Figlio suo perpetuamente offerto sulla terra. Se la nostra vita è nascosta con Gesù, in Dio, noi dobbiamo tutto dimenticare, tutto lasciare per non essere più occupati che del Sacrificio di Gesù».

«Gesù offerto e l'uomo redento, offerto, immolato con Lui e per Lui, per la gloria del Padre».

In questo mondo d'oggi, in cui Gesù è dimenticato e rifiutato, specialmente nel suo Sacrificio redentore, Maria

Deluil-Martiny, compie, come l'apostolo Paolo, l'annuncio fondamentale, unico: «*Io non conosco altri che Gesù e Lui crocifisso*» (1 Cor, 2, 2).

Nella mente di Dio, nel fluire della storia, non c'è che questo avvenimento, questa sola Realtà: Gesù, Figlio di Dio fatto uomo, Sacerdote sommo ed eterno che offre se stesso, come Vittima purissima in sacrificio, per la gloria del Padre, in espiazione del peccato, e per la salvezza dell'umanità. Non c'è che un Re, Gesù solo, che unisce a Sé, mediante il suo Sacrificio, fino a trasformarlo in Sé, ogni uomo e ogni donna, fino a quando siamo perfetti nell'unità con Lui e con Dio.

Non c'è che una Realtà sola: Gesù, Sacerdote, Vittima e Re. Ed Egli continua il suo Sacerdozio, il suo Sacrificio, la sua Regalità, attraverso l'Eucarestia, il Sacramento dell'Altare.

Essere uno con Lui è la nostra vita sulla Terra. Non c'è un'altra vita per noi.

Per questo, Maria Deluil-Martiny, da quando ha scoperto questo Fatto unico fino all'ultimo istante, è vissuta, nella mente, nel cuore e nel corpo, vergine, martire, ostia viva con Gesù Sacerdote e Ostia. *Una vita ardente d'amore, la sua, vissuta ai piedi dell'altare, sulla patena e nel calice eucaristico, resa «uno con Gesù».*

Come la Madonna sul Calvario, partecipe dell'offerta suprema del Figlio suo. Come la Madonna, nella comunità cristiana nascente, unita al Sacrificio eucaristico celebrato dagli Apostoli e fatta ogni giorno, serva e madre del Corpo mistico di Cristo, che è la Chiesa.

Ed è così che Maria Deluil-Martiny ci indica la via da seguire per farci «uno con Gesù», con la preghiera che un giorno sgorgò dal suo cuore: «*O Verbo, mio Dio, pronuncia sopra di noi quella parola che è Te stesso, che ci trasformi in Te, affinché noi non viviamo più, ma Tu viva in noi; poi offrici, uniscici a Te, nel tuo Sacrificio; infine consumaci e fa' che rendiamo per Te, con Te e in Te, ogni onore e gloria all'adorabile Trinità.*

Questa gloria di Dio sulla terra è solo l'estendersi della regalità di Cristo nell'uomo, nella famiglia, nel lavoro, nella cultura, nella società, l'ordine nuovo del mondo, che è il progetto di Dio il Quale «ricapitola tutto in Cristo» (Ef, 1, 10), Gesù Cristo Tutto in tutti..

Con un'attualità sconcertante, Maria Deluil-Martiny, ancora giovanissima, ha scritto: «*Che va cercando il nemico di ogni bene in questo secolo infelice? Cerca di distruggere il regno, il dominio di Gesù Cristo nelle anime e nel mondo per regnarvi in suo luogo. Perciò satana attacca con tanta violenza tutto quello che richiama o conferma il regno sovrano di Gesù, nostro Signore*».

E non si è fermata a constatare e a lamentarsi. Si è data in sacrificio, come Gesù.

Ha lavorato, come testimone e apostola intrepida di Lui, per le strade del mondo. Ha fondato, per vincere satana e alleati, il suo Istituto. Ha amato e sofferto sino all'ultimo, sino al culmine. Infine, giovane ancora, ha versato il suo sangue. È stata Madre con una mirabile fecondità di amore.

Gesù Cristo, l'Unico!
Gesù Cristo, Sacerdote, Vittima e Re!
Maria davvero «di Gesù», fatta uno con Lui, offerta, olocausto, vittima. Ostia pura con Gesù, Ostia del sacrificio. Affinché il suo trionfo - regalità d'amore - dilaghi senza fine, nel mondo, per la gloria di Dio Uno e Trino.

Come gli apostoli, i vergini e i martiri delle prime generazioni cristiane e di tutte le generazioni.

«Vitam et sanguinem pro Christo nostro Rege».
«Oportet Illum regnare!».

La vita e il sangue per Cristo nostro Re.
Occorre che Cristo regni!

BIBLIOGRAFIA

— L. Laplace, *La Madre Maria di Gesù,* Tip. S. Giuseppe, Milano, 1925.
— M. Maria di Gesù Deluil-Martiny, *Lettere,* Tip. Piave, Belluno, 1981.
— R. Garrigou-Lagrange, *La Madre Maria di Gesù,* Namur, 1953.
— E. Vandeur (a cura di), *La S. Messa e gli scritti della Serva di Dio M. Maria di Gesù,* Tip. S. Giuseppe, Milano, 1921.
— *Marie Deluil-Martiny,* negli articoli pubblicati da: *Osservatore Romano* del 21 ottobre 1989, in occasione della sua beatificazione.
— H.D. Rops, *Storia della Chiesa,* vol VI-1 e vol. VI-2, Ed. Marietti, Torino, 1969.
— F. Moroni, *Corso di Storia,* vol. III, SGI, Torino, 1959.

INDICE

1 - «... O SPIAGGIA DESOLATA...»

Una bambina sulle barricate 5
Figlia di gente illustre 7
«Un giorno, sarà...» 9
«Troverai un Cuore» 11

2 - «CHIUDIMI NEL TUO CUORE»

Un giorno di ritiro 15
Quella volta ad Ars... 17
Sposa? 19
In agonia 21
Attesa... 22

3 - «RIUNIAMOCI ATTORNO A LUI»

Un secolo contro Cristo 25
«La Guardia d'onore» 27
Un Vescovo a casa sua 30
Giorno di Pace 33
Piccola tra i grandi 34

4 - «UN ALTARE NELL'ANIMA MIA»

L'Africa nel cuore	39
«Il Papa mi conosce»	40
«Un Principe nel deserto?»	43
Finalmente una guida	45
«Voglio consacrarmi a Dio»	47
Tappe di ascesa	49

5 - «UN UNICO AMORE: GESÙ SOLO!»

«Dio prepara una grande Opera»	53
Dono totale	55
«Sarai vergine e martire»	58
Un giorno alla «Servianne»	60
Presso la Madonna che piange	62
«Specchi viventi di Gesù immolato»	64
«Maria di Gesù»	65

6 - «SEGNAMI CON IL TUO SIGILLO»

«Mademoiselle, scriva!»	69
«Le sette parole»	72
Primo germoglio	74
Un prelato del Belgio	76
Sconfitta e rivoluzione	78
In mezzo alla bufera	80
Forte come una sfida	83

7 - «SIAMO IN PORTO»

Giovane donna	85
Tutto comincia	87
Viaggio in Belgio	89
«La Teresa del nostro secolo»	92
«Noi erigiamo ad Anversa...»	94
«È giunta l'ora»	96

8 - «L'EUCARESTIA, IL CALVARIO, LA CHIESA»

Sacro Cuore 1873. 99
Il suo stile di vita. 101
Una ragazza di nome Elisa 104
Un tempio per Lui 106
Ad Aix-en-Provence 108
Luisa, Leonia... e le altre 112
«Gesù deve regnare!» 114

9 - «GESÙ SIA GLORIFICATO ALLA SERVIANNE»

Festa di dedicazione 119
La croce del Papa 121
«Un nido tra il cielo e la terra» 123
«Davanti al Sole» 126
«Il Padre» tra i perseguitati 128
«Cor unum» 130

10 - «TRIONFA COME RE, O GESÙ!»

Giorni incerti 133
«A la Servianne, sono in casa mia» 135
Il privilegio del dolore 138
«Siete nate per i nostri tempi» 140
«Un vasto movimento generale» 142
Gesù, Gesù solo! 145
La Regalità di Cristo 148

11 - «PRENDI LA MIA VITA, AMORE MIO»

«Tutto passa» 151
«In fondo al nido» 153
«Uno con Gesù» 155
Sogno misterioso 158
Louis, il giardiniere 161
«Io gli perdono...» 163
Il primo trionfo 166

12 - «GESÙ CRISTO DEVE REGNARE!»

L'avventura continua 169
Disperse... in crescita 171
«Una corona sul tuo capo» 174
La «Beata Maria di Gesù» 176
Gesù solo, Sacerdote, Vittima e Re! 179

Bibliografia 183

Indice 185

Finito di stampare in Tivoli
presso le Grafiche Chicca & C., s.n.c.
nel marzo 1996